UTB

W0397160

UTB **3292**

Eine Arbeitsgemeinschaft der Verlage

Böhlau Verlag · Köln · Weimar · Wien
Verlag Barbara Budrich · Opladen · Farmington Hills
facultas.wuv · Wien
Wilhelm Fink · München
A. Francke Verlag · Tübingen und Basel
Haupt Verlag · Bern · Stuttgart · Wien
Julius Klinkhardt Verlagsbuchhandlung · Bad Heilbrunn
Lucius & Lucius Verlagsgesellschaft · Stuttgart
Mohr Siebeck · Tübingen
C. F. Müller Verlag · Heidelberg
Orell Füssli Verlag · Zürich
Verlag Recht und Wirtschaft · Frankfurt am Main
Ernst Reinhardt Verlag · München · Basel
Ferdinand Schöningh · Paderborn · München · Wien · Zürich
Eugen Ulmer Verlag · Stuttgart
UVK Verlagsgesellschaft · Konstanz
Vandenhoeck & Ruprecht · Göttingen
vdf Hochschulverlag AG an der ETH Zürich

Maria Haines

ABC der wissenschaftlichen Abschlussarbeit

Ferdinand Schöningh

Die Autorin:

Die Autorin ist Diplom-Bibliothekarin für wissenschaftliche Bibliotheken, arbeitet jedoch seit mehr als 20 Jahren im Bereich der redaktionellen Textbearbeitung. Maria Haines ist verantwortliche Redakteurin für eine philosophisch-theologische Fachzeitschrift; sie betreut zudem als freiberufliche Lektorin Diplom-, Bachelor-, Masterarbeiten sowie Dissertationen, Habilitationen und Buchprojekte wissenschaftlicher Einrichtungen/Verlage, vermittelt aber auch in Vorträgen ihre Kenntnisse aus dem Bereich des Wissenschaftslektorats und des wissenschaftlichen Arbeitens.

Bibliografische Information der Deutschen Nationalbibliothek

Die Deutsche Nationalbibliothek verzeichnet diese Publikation in der Deutschen Nationalbibliografie; detaillierte bibliografische Daten sind im Internet über http://dnb.d-nb.de abrufbar.

(Verlag Ferdinand Schöningh, GmbH & Co. KG, Jühenplatz 1, D-33098 Paderborn)
ISBN 978-3-506-76862-9

Internet: www.schoeningh.de

Printed in Germany.
Herstellung: Ferdinand Schöningh, Paderborn
Einbandgestaltung: Atelier Reichert, Stuttgart

UTB-Bestellnummer: 978-3-8252-3292-4

Vorwort

Wer im Bibliothekskatalog, in einer Bibliografie oder im Internet nach einem Buch zum Thema „Erstellen einer wissenschaftlichen Abschlussarbeit“ sucht, wird fast erschlagen von der Vielzahl der Titel. Leider aber gibt kein Verzeichnis Aufschluss darüber, welches Buch fundiert, hilfreich, informativ und vor allem den eigenen Bedürfnissen entsprechend ist. Da sich aber derjenige*, der an seiner Abschlussarbeit schreibt, naturgemäß bereits in einer Extremsituation befindet und unter Zeit- sowie Erfolgsdruck steht, ist er kaum noch imstande, die verschiedenen Ratgeber auf ihre Tauglichkeit hin zu prüfen. Als weiterhin erschwerend für den Examenskandidaten ist zu werten, dass fast alle Bücher dieser Art nicht nur in vergleichbarer Weise abgefasst, sondern größtenteils auch so staubtrocken geschrieben sind, dass der sowieso schon stressgeplagte Leser nicht selten darüber einzuschlafen droht.

Als Gegenpol dazu versteht sich das vorliegende Nachschlagewerk; denn dieses Kompendium erörtert, alphabetisch nach Stichworten sortiert, in jeweils kurzer und gleichzeitig informativer, prägnanter Weise weitgehend alle Themenbereiche, die für das Abfassen einer wissenschaftlichen Abschlussarbeit von Relevanz sind. Inhaltliche Grundlagen, eine individuelle Arbeitsweise und die notwendigen Formalaspekte werden in nachvollziehbarer und verständlicher Form vermittelt. Wo erforderlich, wird auf die entsprechende DIN verwiesen; die zahlreichen Empfehlungen dagegen basieren auf langjähriger, im Wissenschaftslektorat erworbenen Erfahrung. Der große Vorteil dieses Handbuchs liegt darin, dass durch die lexikalische Anordnung dem Suchenden ein schneller Zugriff auf das gewünschte Wort bzw. Thema garantiert ist. Die einzelnen Lemmata werden jeweils in der thematisch gebotenen Ausführlichkeit und in gleichzeitiger Beschränkung auf das Wesentliche behandelt. Dabei wird durch ein auffälliges ! auf häufig vorkommende, jedoch vermeidbare und unbedingt zu vermeidende Fehler sowie mögliche Hilfen verwiesen.

Nicht vorgenommen werden die Erörterung der unterschiedlichen Erscheinungsformen von wissenschaftlichen Arbeiten (z. B.

---

* Um eine kontinuierliche Lesbarkeit zu gewährleisten, werden im Buch ausschließlich männliche Bezeichnungen verwendet. Diese stehen selbstverständlich immer für beide Geschlechter.

Hausarbeit, Referat, Präsentation, Diplomarbeit, Dissertation) und ihre je eigenen Besonderheiten. Dasselbe gilt für die Grundlagen und Spezifika von Textverarbeitungsprogrammen: Auch diese können als bekannt vorausgesetzt werden bzw. sind über eine schnelle Recherche zu ermitteln. Ebenfalls ausgespart wurden die Bereiche Bibliotheks- und Kataloglehre sowie eine detaillierte Bibliografie- und Buchkunde. Da jede Bibliothek über kompetentes Fachpersonal verfügt, zudem Schulungen und Führungen im regelmäßigen Turnus angeboten bzw. durchgeführt werden, ist davon auszugehen, dass jeder Studierende im Laufe seiner Studienzeit zumindest einmal eine solche (Ein-)Führung mitgemacht hat.

Dass dieses ABC nun den Weg in die Buchhandlungen gefunden hat, ist in erster Linie Herrn Dr. Diethard Sawicki zu danken, dessen mir gewährtem Vertrauensvorschuss ich zu entsprechen hoffe. Vor allem danke ich Herrn Dr. Sawicki für die optimale Betreuung, welche eine jederzeit direkte Ansprechbarkeit ebenso vorsah wie die für das Schreiben notwendige Ruhe und Zeit. Ein weiterer, wenngleich anderer Dank gilt Herrn Professor Dr. Peter Hofmann (Universität Koblenz-Landau) sowie seinem Assistenten, Herrn Andreas Matena, die mir dieses Buch „ganz einfach“ zugetraut haben. Ich hoffe sehr, niemanden mit dem Ergebnis zu enttäuschen. Dies gilt in noch besonderer Weise für Herrn Professor Dr. Peter Götz von der Fachhochschule Gießen-Friedberg, der mich geradezu herausgefordert hat, mein Licht unter dem Scheffel hervorzuholen.

„Meinen Männern“ Bernhard, Philipp und Michael für alle Geduld, mentale ebenso wie konkrete Unterstützung danken zu wollen, stößt nun fast an die Grenze, der unsere Sprache mangels entsprechender Wörter manchmal unterliegt: Insofern vertraue ich hier ganz schlicht auf unser „Wissen um …“, welches allem Unausgesprochenen eine eigene Beredsamkeit verleiht.

Da nichts in der Welt vollkommen ist, wird auch das vorliegende Büchlein noch manche Lücke aufweisen: Diese Corrigenda in einer späteren Auflage zu bereinigen ist mir ein Anliegen, weshalb ich dankbar bin für Hinweise, Tipps, Anregungen und vor allem neue Stichwörter, die ich gerne zur Weiterverarbeitung entgegennehme unter: maria.haines@druckfertig.de – vielen Dank!

A

Abbildung

Der Sinn von A.en besteht darin, einen schriftlich dargelegten Sachverhalt durch das Medium „Bild“ im Wortsinn an-schaulich zu unterstützen und eine logische Verbindung zwischen Text und Bild herzustellen. So kann z. B. die optische Darstellung einer Person, eines Objekts, eines Geschehens (Vorgang, Fakt oder Ablauf) dazu beitragen, mithilfe dieser Visualisierung zum besseren Verständnis des die A. umgebenden Textes beizutragen oder ihn zu erläutern. Insofern versteht es sich fast von selbst, A.en so zu positionieren, dass sie problemlos dem entsprechenden Kontext zuzuordnen sind.

Es ist zudem darauf zu achten, dass A.en jeder Art – Grafiken, Diagramme, Fotografien, PowerPoint-Folien u. Ä – optisch gefällig platziert werden: Hierzu ist die Größe der A.en dem Darstellungsobjekt anzupassen: Bilder vergleichbar einer „Briefmarke“ machen ebenso wenig Sinn wie ein die komplette Seite füllender Rahmen ohne entsprechenden „Inhalt“; bei einer zentrierten Positionierung ist unbedingt das Seitenlayout ins Kalkül zu ziehen („mittig“ im Blatt ist nicht identisch mit zentriert im → Seitenlayout!); die Leserichtung von links oben nach rechts unten ist zu berücksichtigen; und zumindest die Grundregeln von A.s-Wiedergaben sollten als gewusst deutlich werden: So sind Karikaturen und vergleichbare Skizzen immer frei stehend (= ohne Rahmen und ohne Hintergrundauszeichnung), Schwarz-Weiß-Wiedergaben wegen einer notwendig deutlichen Begrenzung dagegen entweder mit Rahmen oder leichter Rasterung abzubilden.

Bei farbigen A.en/Grafiken/Diagrammen ist zu berücksichtigen, dass beim Ausdruck durch eine schwarz-weiße Wiedergabe manche zuvor deutliche Unterscheidung (wie z. B. Grün und Blau) nun nicht mehr sichtbar wird. Hier bieten oftmals entsprechende Rasterungen und Muster Abhilfe, die man anstelle der Farben verwenden kann. Wird die Arbeit in Farbe ausgedruckt, so sollte nach Möglichkeit ein Copy Shop, der mit einem Color Management-System arbeitet, mit dem Ausdruck beauftragt werden: Ein Color Management-System sorgt für die originalgetreue Reproduktion von Farbe – von der Eingabe der Farbdaten bis zu deren Ausgabe auf dem Drucksystem. Erweist sich ein solches Color Management-System als zu kostenintensiv, so sollte in jedem Fall vor dem letztgültigen Ausdruck mindestens ein Probedruck vorgenommen werden, um sicherzugehen, dass die in der Datei vorgegebenen Farben mit denen im Druck übereinstimmen oder ihnen zumindest nahekommen.

Jede A., die aus Fremdquellen stammt, ist mit der jeweiligen Referenz nachzuweisen.

!

- Der Sinn einer schriftlichen Abschlussarbeit besteht nicht darin, lediglich verbindenden Text zu einer Unmenge von Bildern abzufassen.
- Die A. muss so aussagekräftig sein, dass es nicht zuerst der Lektüre von ganzen Textpassagen bedarf, um überhaupt einen Zusammenhang und ein Verständnis herstellen zu können.
- A.en sind fortlaufend durchzunummerieren: entweder vom Anfang bis zum Ende der Arbeit oder kapitelweise. Diese Nummerierung findet sich identisch im A.s-Verzeichnis wieder. Erstreckt sich die Zählung kapitelweise, so ist der A.-Nummerierung das jeweilige Kapitel voranzustellen: Zum Beispiel würde das vierte Bild aus Kapitel 3 folgendermaßen beziffert: Abb. 3-4: Bildunterschrift.
- A.en gleich welcher Art dürfen nicht kommentarlos ohne A.s-Unterschrift und erst recht nicht ohne Referenz aufgeführt werden. Auch geringfügige Veränderungen berechtigen nicht dazu, eine bildliche Wiedergabe als eigenes Werk zu deklarieren.
- A.en aus anderen Werken 1:1 in die eigene Arbeit zu kopieren macht generell keinen guten Eindruck – vor allem nicht, wenn womöglich die ursprüngliche Nummerierung und Beschriftung beibehalten wird. Es spricht jedoch nichts dagegen, die A. als Vorlage zu verwenden und mit geringfügigen Änderungen in der eigenen Arbeit wiederzugeben. Ein entsprechender Vermerk kann z. B. Vokabeln wie „der Abbildung XXX aus YYY (= Verfasser und Kurztitel des Buchs) nachempfunden“ oder „erstellt nach der Vorlage von ...“ enthalten.
- Da sich A.en in ihren Darstellungsformen (z. B. Pixelgrafik, Vektorgrafik, Rasterdruck) unterscheiden, ist darauf zu achten nach welchen Standards und Methoden eine adäquate Bildauflösung und -schärfe garantiert ist.
- Vor allem dunkle A.en sollten möglichst nicht im unteren Drittel einer Seite positioniert werden, da sie sonst optisch die Seite „nach unten ziehen“.

Abbildungsunterschrift

Abbildungen werden im Gegensatz zu → Tabellen mit einer *Unterschrift* versehen. Diese Unterschriften müssen 1.) eine fortlaufende Nummerierung aufweisen, die sich entsprechend im → Abbildungsverzeichnis wiederfindet, sowie 2.) eine sinnvolle Erläuterung dessen geben, was auf dem Bild zu sehen ist. Es macht keinen guten Eindruck, wenn die A. so banal abgefasst ist, dass man auch darauf hätte verzichten können.

Beispiel: Ist auf dem Bild ein Haus zu sehen, so ergibt es keinen Sinn, als Text unter dieses Bild zu setzen: *Abb. 1: Ein Haus.* Sinnvoll wäre hier z. B. die Erläuterung, welche Bewandtnis es mit dem Haus hat. Handelt es sich um ein historisches Gemäuer? Oder etwa um die letzte Behausung bestimmter Bewohner? In einem solchen oder vergleichbaren Fall könnte die Bildunterschrift dann so aussehen: *Abb. 1: Nachgewiesene letzte Behausung eines Inselbewohners; datiert vom 17.07.1921.* Kurz und prägnant soll die Unterschrift gehalten sein; ein „Roman“ über mehrere Zeilen ist ebenso zu vermeiden wie lediglich ein Stichwort. Zusätzlich zur A. ist in bestimmten Fällen (z. B. bei Grafiken) eine → Legende erforderlich.

!

- A.en werden ebenso wie Tabellenüberschriften, Fußnotentext und Literaturangaben mit einem Schlusspunkt versehen.
- Uneinheitliche Schreibweisen wie z. B. „Abb."/„Abbildung" sind ebenso zu vermeiden wie fehlende Übereinstimmung zwischen den A. und dem Abbildungsverzeichnis.
- A.en müssen sich vom Fließtext abheben, dürfen also nicht so positioniert werden, dass der Leser verwirrt werden könnte: Ein entsprechender Abstand zum Haupttext oder ein kleinerer Schriftgrad als dort ist z. B. empfehlenswert. Man sollte sich in jedem Fall für ein Abhebungsmerkmal entscheiden und dieses durchgängig beibehalten: entweder kleinerer Schriftgrad *oder* Fettdruck *oder* Kursivierung *oder* Exponierung durch entsprechende Abstände – aber keinesfalls sollte man alle gegebenen Möglichkeiten ausschöpfen.
- Eine fehlende Quellenangabe wird vom Prüfer negativ gewertet.
- Dasselbe gilt für fehlende oder mangelhaft erstellte Legenden.

Abbildungsverzeichnis

Jede wissenschaftliche Abschlussarbeit zeichnet sich durch mehrere Charakteristika aus: Eines davon ist ohne Zweifel im Vorhandensein aller wesentlichen → Verzeichnisse und vor allem in deren Vollständigkeit zu sehen. Wer also seine Arbeit durch Abbildungen anreichert, hat auch ein entsprechendes A. zu erstellen. Damit hier keine Pannen passieren, wie z. B. eine inkonsistente Abfolge der Nummerierungen oder differierender Wortlaut der Abbildungsunterschriften, ist das A. ebenso wie das das Tabellenverzeichnis und das → Inhaltsverzeichnis aus den jeweiligen (zuvor entsprechend formatierten!) Abbildungsunterschriften bzw. Gliederungspunkten zu generieren.

Üblicherweise wird das A. mit anderen Verzeichnissen an den Anfang einer Abschlussarbeit positioniert (siehe hierzu: „Aufbau Formalstruktur" innerhalb des Stichworts → Inhaltsverzeichnis). Das A. erfüllt ebenso wie das Tabellenverzeichnis vornehmlich den Zweck, zur Vollständigkeit und damit zu einer Übersichtlichkeit einer wissenschaftlichen Abschlussarbeit beizutragen. Aus diesem Grund ist die Positionierung solcher Verzeichnisse eher von nachrangiger Relevanz. Da aber jede Hochschule bzw. auch fast schon jeder Prüfer eine eigene Vorstellung bzw. Vorliebe entwickelt hat, empfiehlt es sich, im Vorfeld die Frage der Positionierung solcher Verzeichnisse abzusprechen.

!

- Verzeichnisse solcher Art werden oftmals ganz zum Schluss erstellt, dann nämlich, wenn die Zeit bis zur Abgabe schon mehr als drängt: Man sollte sich dennoch nicht dazu hinreißen lassen, Abbildungs- oder auch andere Verzeichnisse im Schnellverfahren und „zu Fuß", also manuell, von den entsprechenden Beschriftungen der einzelnen Abbildungen abzutippen, da dies gerade unter Zeitdruck eine Fehlerquelle darstellt.
- Wer nur eine einzige Abbildung aufzuweisen hat, sollte diese nicht in einem Abbildungs-„Verzeichnis" nachweisen, sondern – sofern es sich ergibt – beim Tabellenverzeichnis unterbringen („Tabellenverzeichnis und Abbildung" ist durchaus gestattet). Sollte sich auch eine solche Möglichkeit nicht bieten, ist eher auf den vereinzelten Nachweis zu verzichten, als fälschlicherweise von einem „Verzeichnis" zu schreiben.

Abgrenzung der Lebens-(Zeit-)Räume

Unabhängig davon, in welchen Bahnen das bisherige Studenten- und/oder Arbeits-Leben verlief: Wer sich mit der Aufgabe konfrontiert sieht, innerhalb einer vorgegebenen Zeit eine schriftliche Wissenschaftsarbeit bestimmten Inhalts und Umfangs anzufertigen, wird sich einem anderen Lebens-Rhythmus als bisher unterwerfen müssen. Dies bedeutet, sich unabhängig von evtl. persönlich ausgeprägten Chaos-Neigungen zumindest eine Minimalform von Disziplin aufzuerlegen. Dazu zählt in erster Linie ein Tagesablauf in praktikablen Einheiten bzw. Rastern, um die je unterschiedlichen Lebens-(Zeit-)Räume gegeneinander abzugrenzen. Aus Gründen des Nicht-Wissens und vor allem stressbedingt fällt der die Arbeit Schreibende allzu schnell dem Irrtum anheim, seinen Frei-Raum dem Arbeits-Raum unterordnen zu müssen. Sobald aber der eine „Raum" den anderen überlagert, kann keiner von beiden weiterhin konkret definiert werden. In der Konsequenz bedeutet dies, dass der Betroffene irgendwann über gar keinen Frei-Raum mehr verfügt, sondern nur und ausschließlich im Arbeits-Raum lebt – zeitlich wie lokal. Durch die Überschneidung der beiden „Räume" wird aber nicht nur der Frei-Raum vom Arbeits-Raum „vereinnahmt", sondern letztgenannter erfährt fast unmerklich eine Veränderung in der Art und Weise, wie er von seinem „Bewohner" wahrgenommen wird: Unbewusst zwar, wenngleich nicht ohne Auswirkung, wird der „Architektur" des als einzig verbleibenden Arbeits-Raums der Verlust anderer „Räume" zugeschrieben, was zur Errichtung einer mentalen Unmutsbarriere führt. Eine solche aber bringt keinerlei Nutzen, sondern entzieht notwendigen Denk-Raum.

Um Blockaden solcher Art abzubauen, ist es unerlässlich, umgehend wieder Frei-Räume zu schaffen. Wer sich nun auf seinen Stammtisch zu freuen beginnt oder auf die Lieblingssendung im Fernsehen, wird enttäuscht werden: Diese Art von Freiräumen haben mit Frei-Zeit im Sinne von Muße zu tun. Über solche aber verfügt derjenige, der nachdrücklich an seiner Abschlussarbeit schreibt, kaum noch. Die Frei-Räume, die im behandelten Kontext notwendigerweise zu organisieren sind, dienen ausschließlich dem Ziel, den eigenen Arbeits-Raum um einen uneingeschränkten Denk-Raum zu erweitern: Wer Raum zum Denken hat und nicht blockiert wird von kleindimensionierten Verbindlichkeiten: derjenige verfügt auch über die für ihn notwendigen Frei-Räume.

Solche verlangen als Voraussetzung eine Struktur. Als hilfreich hat sich insbesondere die Erstellung von Arbeitsplänen erwiesen, wobei zu unterscheiden ist zwischen:
→ Organisationsplan „Alltag“
und
→ Organisationsplan „Abschlussarbeit“.

!

- Der Arbeitsplatz sollte ausschließlich zum Arbeiten genutzt werden; zum Essen, Zeitung lesen, Telefonieren usw. sollte man sich ganz bewusst vom Arbeitsplatz entfernen und andere Lebensbereiche aufsuchen.
- Eine Minimalordnung am Arbeitsplatz, aber auch im privaten Lebensbereich, trägt erheblich zu einer Grundordnung der Gedanken bei: allein schon deshalb, weil diese nicht abgelenkt (Wo ist denn ...?) werden.
- Von in Ratgebern gelegentlich empfohlene detaillierte Ordnungssysteme und Tagespläne können allenfalls einer ersten Orientierung dienen; in einer 1:1-Umsetzung entsprechen sie mehr Hand-, Fuß- und Denkfesseln, als dass sie Hilfen darstellten, und führen allzu schnell zu Frustrationen: Welcher Hochschulabsolvent möchte sich denn noch von minutiös vorgegebenen Aufsteh-, Dusch-, Frühstücks-, Pausen- und Schlafenszeiten durch sein Leben dirigieren lassen?

Abkürzungen

Sie sind sparsam zu verwenden, da andernfalls der Lesefluss beeinträchtigt wird. Dies geschieht unabhängig von bekannten und/oder weniger vertrauten A. Bei letztgenannter Variante und besonders bei A., die der eigenen Phantasie entsprungen sind, ist in jedem Fall ein → Abkürzungsverzeichnis zu erstellen, in welchem aber ausschließlich nicht alltägliche A. aufzulisten sind. Zu den bekannten bzw. allgemein eingeführten A. zählen solche wie: z. B., bzw., u. a., usw. Bei anderen, vor allem themenspezifischen A. empfiehlt sich einerseits bei der ersten Erwähnung die Auflösung in einer Fußnote (damit der Leser umgehend informiert ist, ohne blättern zu müssen und somit problemlos dem Text folgen kann) und andererseits die (zusätzliche!) Aufnahme in ein Abkürzungsverzeichnis. Wenn es sich um eine A. mit fachlichem Hintergrund handelt, so ist sogar die Kombination von „Abkürzungsverzeichnis und → Glossar“ durchaus sinnvoll.

Beispiel: *SQL = Structured Query Language* (= Abkürzungsverzeichnis); *es handelt sich um eine Datenbank-Abfragesprache* (= Glossar). Beide Informationen finden sich zusammengenommen in einem „Abkürzungsverzeichnis und Glossar".

Nach Abkürzungen folgt innerhalb des Satzgefüges ein Leerzeichen; steht die Abkürzung am Ende eines Satzes, so gilt der Abkürzungspunkt zugleich als Schlusspunkt (DIN 5008:2005). Zu Beginn eines Satzes (oder auch einer Fußnote) empfiehlt sich aus Gründen der Ästhetik und auch manchmal aus denen der Verständlichkeit, keine A., sondern die entsprechende ausgeschriebene Wortform zu verwenden. Hinsichtlich der Tatsache, welche A. gebräuchlich sind und vor allem in Bezug auf die Schreibung bei Abkürzungskombinationen wie z. B., u. a, u. Ä., u. U. gibt der jeweils aktuelle Rechtschreib-DUDEN Auskunft. Die Zwischenräume, die zwischen den einzelnen Bestandteilen eines Abkürzungskonstrukts vorgesehen sind, sind leider nicht in jedem Textverarbeitungsprogramm typographisch korrekt zu erzeugen. Es bleibt nur, das (zu groß geratene) „normale" Leerzeichen zu verwenden, oder aber im Internet nach entsprechenden Hilfsprogrammen zu recherchieren, die dieses spezielle Leerzeichen generieren können.

Eine Sonderform bei den A. stellen die Akronyme dar. Es handelt sich dabei – kurz gefasst – um ein „Wort", das zusammengesetzt ist aus den Anfangsbuchstaben mehrerer Wörter, wobei diese Kurzform dem grundgelegten Sinn aus dem Gesamt dieser Wörter identisch ist. Beispiele: ARD, PISA, IGLU, WM. Akronyme sollten ebenfalls im Abkürzungsverzeichnis aufgelöst werden (zumal man mit einem solchen „Service" oftmals auf leichte Weise „punkten" kann); eine Erläuterung in einem Glossar ist von Fall zu Fall und je nach Themenstellung der Arbeit zu entscheiden.

!

- Gängige A. nach eigenem Gutdünken abzuändern erschwert den Lesefluss und bläht das dadurch erforderlich werdende Verzeichnis unnötig auf. So ist „z. B." eine nach DUDEN gängige Abkürzung; „z. Bsp." jedoch nicht.
- WORD hat eine Voreinstellung, die nach (Schluss-)Punkt die Großschreibung automatisch vorsieht. Da das Textverarbeitungsprogramm nicht zu unterscheiden weiß, was ein Abkürzungs- und was ein Schlusspunkt ist, entstehen durch diese Voreinstellung innerhalb eines Satzes unvermittelte und grammatikalisch unkorrekte Großschreibungen. Empfehlung: Entfernen der Voreinstellung!
- Auf dem → Deckblatt der Arbeit hat eine Abkürzung ebenso wenig etwas verloren wie in der Gliederung. Sollte der Titel eine Abkür-

zung enthalten, so ist diese auf dem Deckblatt in der Langform wiederzugeben. Dasselbe gilt für alle Erscheinungsformen von A. im Inhaltsverzeichnis: Sie sind in ihrer Langform aufzuführen.

Abkürzungsverzeichnis

Dieses wird sinnvollerweise alphabetisch angelegt und oftmals erweitert zu einem A. und Glossar (→ Abkürzungen). Wer ein solches Verzeichnis erstellt und dem Leser anbietet, muss auf Vollständigkeit und Übereinstimmung mit den verwendeten Abkürzungen im → Fließtext achten, wobei auf alltägliche Abkürzungen sowie auf alle diejenigen, die im DUDEN nachzuschlagen sind, verzichtet werden kann. Um dem Leser mühsames Suchen und Blättern zu ersparen, findet sich ein solches A. und/oder Glossar zu Beginn der Arbeit im Anschluss an das Inhaltsverzeichnis. Es wird jedoch von der durchgehenden Seitenzählung der Arbeit ausgenommen und separat paginiert. Zum gesamten Komplex der Seitenzählung gibt das entsprechende Stichwort in diesem Buch Aufschluss.

Absatz

Formal ist ein A. eine Unterbrechung des → Fließtextes. Diese Unterbrechung wird mit dem Beginn einer neuen Zeile deutlich gemacht und geschieht sinnvollerweise dann, wenn eine gedankliche oder andere logische Einheit (wie beispielsweise die Beschreibung eines Naturgesetzes) in sich abgeschlossen ist.

Um mit einem neuen A. auf eine neue Gedankenführung hinzuweisen, müssen A.e bereits optisch als solche zu erkennen sein. Aus diesem Grund empfiehlt sich entweder die Einrückung der ersten Zeile eines neuen A.s um z. B. 0,5 cm (Vorgaben des Prüfers erfragen bzw. Gepflogenheiten der Hochschule berücksichtigen!), oder man setzt entsprechend große Zeilenzwischenräume (keine Leerzeile!) zwischen die einzelnen A.e, was beides bereits in der Formatvorlage definiert werden kann. Wichtig ist auf jeden Fall, dass ein neuer A. nicht erst beim Lesen des Textes durch die Darlegung neuer Zusammenhänge auffällt, sondern bereits durch das Layout. Eine nicht bis zum Ende gefüllte Zeile ist nichts anderes als eine Zeile mit „Ausgang“, wie man im Fachjargon sagt; eine bis zum

Ende aufgefüllte Zeile jedoch (= ohne „Ausgang“) lässt den vorgenommenen neuen A. noch nicht einmal erahnen.

Bei der A.formatierung ist neben der Layoutgestaltung zu berücksichtigen, dass der inhaltliche Zusammenhang gewährleistet ist: A.e sollten also weder nach ästhetischen Gesichtspunkten noch willkürlich vorgenommen werden, sind folglich weder zu oft noch zu selten anzubringen. Fließtext über ganze Seiten ohne jede Unterbrechung wirkt ermüdend; Binnenüberschriften, denen jeweils nicht mehr als ein bis zwei Sätze zugeordnet sind, ergeben keinen Sinn und werden schnell als „Zeilenschinderei“ identifiziert: Drei morphologische Einheiten (= drei Sätze) gelten als Minimum für eine A.größe; wobei diese „Einheiten“ in jedem Fall auch inhaltlich gespiegelt werden müssen. Es genügt also nicht, drei inhaltlich banale oder kaum als zusammengehörig erkennbare Sätze zusammenzustellen, nur um formal einen A. rechtfertigen zu können. Im Ausnahmefall weist ein A. dann eben nur zwei Sätze auf, was allemal besser ist als drei erkennbar aus den Fingern gesogene Konstrukte.

!

- Wer zu einem Gliederungspunkt nicht mehr als zwei Sätze anbringen kann, sollte entweder mehrere Punkte zusammenfassen (siehe dazu → Inhaltsverzeichnis) oder insgesamt kürzen: Ein oder zwei Sätze rechtfertigen nämlich – bis auf die bereits erwähnte Ausnahme – weder einen A. noch einen eigenen Gliederungspunkt!
- Wo A.e zu lang geraten, sodass sich eine buchstäbliche Textwüste ausbreitet, sollte nach einer Sinnunterbrechung in der gedanklichen Darlegung gesucht werden. Eine solche lässt sich noch am ehesten in Satzanfängen mit „Aber“ bzw. „Jedoch“ finden: Die damit einhergehende Einschränkung rechtfertigt durchaus den mit einem neuen A. gekennzeichneten Übergang zu einer thematischen Erweiterung.
- → „Schusterjungen“ und → „Hurenkinder“ sind zu vermeiden. Dies lässt sich mit einer Formatvorlage bereits planen.

Adressat der Arbeit

An wen genau richtet sich eigentlich eine wissenschaftliche Abschlussarbeit? Wer eine konkrete Antwort auf diese Frage wüsste, hätte möglicherweise leichter an seiner Arbeit zu tragen. Dabei kann ein einfaches Ausschlussverfahren bereits Abhilfe schaffen: Man schreibt die Arbeit nämlich *nicht*:

- für den Prüfer. Es mag durchaus vereinzelt bestimmte professorale Anforderungen wie Layoutgestaltung und sogar thematische Vorlieben geben; das allein ist aber noch kein ausschlaggebender Grund, um sich den Prüfer als A.en der Arbeit vorstellen zu müssen.
- für die Hochschule. Diese ist lediglich institutionell ausführendes Organ und setzt juristisch verankerte Bestimmungen um. In dieser Funktion nimmt sie die Prüfung ab, stellt die Urkunde aus und archiviert eine bestimmte Anzahl von Exemplaren der Arbeit in ihren Räumen. Die Hochschule ist also ganz gewiss nicht als A. zu sehen.
- für „Fachbanausen". Die Arbeit stellt keine Gebrauchsanweisung für Ahnungslose dar. Eine wissenschaftliche Abschlussarbeit richtet sich niemals an ein thematisch nicht zumindest in den Grundlagen versiertes Publikum. Aus dieser Kenntnis resultiert alles, was *nicht* erklärt werden muss bzw. soll; denn auch die Einschätzung dessen, was zu erläutern ist bzw. nicht in epischer Breite dargelegt werden muss, zählt zu den → Anforderungen an eine wissenschaftliche Abschlussarbeit.

Wer aber ist nun der A. einer solchen Arbeit? Das sind alle Interessierten, die sich im (fach-)wissenschaftlichen Diskurs befinden bzw. die sich im Zusammenhang mit dem vorliegenden Thema durch die Lektüre dieser Arbeit einen Erkenntnisgewinn erwarten. Und genau diesem Anspruch folgend ist die Abschlussarbeit zu erstellen.

Anfangen

Ein Anfang ist überall dort, wo man etwas (zu tun) beginnt. Das kann (auch) am Anfang sein – muss aber nicht! Allein der Gedanke des Irgendwie-anfangen-Müssens versetzt manchen schon in → Panik. Dabei ist, nach Abänderung einer kleinen Silbe, das weitere Vorgehen gar nicht so problematisch, wie es zunächst scheint. Es geht nämlich nicht darum, irgend*wie* anzufangen (das wäre planlos), sondern irgend*wo* (was zwar auch nicht eben planvoll zu nennen ist, woraus sich aber immerhin eine Struktur entwickeln lässt).

Dass ein Buch in genau der Reihenfolge geschrieben würde, wie es sich später seinem Leser präsentiert, ist eher unwahrscheinlich: Auch ein Romanautor entwickelt zuerst seine Charaktere, zeichnet Handlungsstränge, baut ein und um, nimmt Änderungen vor und verwirft sie wieder – warum also sollte eine Abschlussarbeit in der Reihenfolge: Einleitung, Hauptteil, Schluss geschrieben werden (müssen)? Diesem Trugschluss unterliegend, verzweifelt jedoch schon mancher, noch ehe die erste Zeile zu Papier oder vielmehr in die Datei gebracht wurde. Dabei kann eine Abschlussarbeit ganz einfach begonnen werden: dort und damit nämlich, wo und womit sich der potenzielle Verfasser dieser Arbeit auskennt: Das kann z. B. ein spezielles Gebiet innerhalb des thematischen Gefüges sein oder auch nur ein Wort; möglicherweise sind es sogar mehrere Begriffe. Ganz gleich, was es ist und wie viel es ist: Es sollte notiert werden – mit Anmerkung, sofern eine solche als wichtig erscheint, und ohne Bedeutungszuweisung, wenn eine solche nicht gegeben ist. Zuerst ist ausschließlich der Gedanke wichtig – und vielleicht eine Idee. Formalia werden in dieser Phase des Brainstorming ebenfalls noch völlig außer Acht gelassen; bedeutsam ist jedoch, dass sich die Notizen nicht auf verschiedenen Zetteln „verlieren", sondern in einem einzigen Dokument wiederfinden lassen. Aus dem Notierten ergeben sich entweder Gedanken, die weiter zu erforschen, vielleicht nachzuschlagen und zu vertiefen sind, oder aber man entdeckt eine Spur, die sich innerhalb des eben vollzogenen Gedankengangs weiter entwickelt. Manche solche Wege führen über andere gedruckte Quellen, die man bisher möglicherweise noch nicht berücksichtigt hatte, oder aber sie decken ein Labyrinth auf, in dem man sich beinahe verlaufen hätte, und das nun zur Umkehr bzw. zu einem neuen Ansatz führt. Sobald sich solche Wege entdecken lassen, beginnt sich eine Struktur abzuzeichnen: der Ansatz einer Gliederung.

Anfänge und Anfangsmöglichkeiten gibt es tatsächlich viele; und es ist auch gar nicht „das Anfangen" an sich, das möglicherweise „schwer" wäre. Was tatsächlich zu Problemen führen kann, sind die Anfänge, die man selbst nicht als solche identifiziert, weshalb wichtige Detailarbeit unterbleibt und man sich vermeintlich Unaufschiebbarem zuwendet. Dabei entscheidet gerade der „erste Anfang" darüber, wohin ein einmal eingeschlagener Weg führt, ob es sinnvoll wäre, ihn weiter zu verfolgen, oder ob man an einer bestimmten Stelle besser umkehren sollte.

Anforderungen (an eine wissenschaftliche Abschlussarbeit)

Als Qualifikations- und Lernziele sind in den jeweiligen Prüfungsordnungen der Hochschulen (bzw. der einzelnen Fachbereiche) verankert, welche A. konkret an eine wissenschaftliche Abschlussarbeit gestellt werden. In meist recht dürren Worten wird dem interessierten Examenskandidaten vermittelt, dass er in der Lage sein soll, innerhalb einer vorgegebenen Frist eine bestimmte Aufgabenstellung aus seinem Fachbereich selbstständig unter Anwendung wissenschaftlicher Erkenntnisse und → Methoden zu bearbeiten. Leider existiert in den wenigsten Fällen ein Kommentar oder eine Erörterung dazu. Da aber im Wissenschaftsbetrieb so etwas wie eine stillschweigende Übereinkunft hinsichtlich der A. besteht, darf der Examenskandidat keine Auslegung der Bestimmungen nach eigenem Gutdünken vornehmen, sondern sollte sich frühzeitig kundig machen, welchen Ansprüchen er mit seiner Arbeit zu genügen hat.

Der Absolvent hat im Laufe seiner Studienzeit bereits erfahren, dass die Grundlage wissenschaftlichen Arbeitens auf der Basis von Verständlichkeit erfolgt. Verständlichkeit impliziert Nachvollziehbarkeit sowohl bei der Themenanalyse als auch beim kritischen Umgang mit Ergebnissen aus dritter Hand und bei der Dokumentation sowie Erörterung von Resultaten bzw. Schlussfolgerungen. Die Berücksichtigung der für das Thema notwendigen Quellen und ihre Auswertung zeugen von der Fähigkeit zu selektieren, zu abstrahieren und zu differenzieren. Objektivität in der Darstellungsweise von Meinungen ebenso wie in der Wiedergabe von Fakten, eine klare (Fach-)Terminologie sowie ein nachvollziehbarer Argumentationsverlauf gewährleisten die notwendige Übersichtlichkeit ebenso wie die Nachprüfbarkeit. Dabei muss der sprachliche Ausdruck immer dem Thema sowie dem Anlass angemessen bleiben. Insofern müssen die Sätze einen logischen Aufbau ebenso widerspiegeln wie den Bezug zueinander erkennen lassen, sodass dem → roten Faden problemlos zu folgen ist.

Die inhaltlichen Aspekte werden durch formale Strukturen optimal ergänzt, sodass die Arbeit zum Zeitpunkt der Abgabe eine Einheit von Inhalt, Sprache, Aufbau und Form bildet, womit sie ihrer Bestimmung entspricht: einen Beitrag zum wissenschaftlichen Diskurs leisten zu können.

Anonymisierung/Persönlichkeitsschutz

Manche Abschlussarbeit erörtert Themen, die sowohl eine sensible Behandlung von Fakten (siehe → Sperrvermerk) als auch die Beachtung des Persönlichkeits- und Datenschutzes erfordern. Beispielhaft sei die Staatsarbeit eines angehenden Lehrers genannt, worin über den Umgang mit Schülern berichtet wird, ihr jeweiliger sozialer Hintergrund beleuchtet und/oder spezifische Verhaltensweisen aufgezeigt werden.

Aus datenschutzrechtlichen Gründen sind im angesprochenen Beispiel die Namen von Schülern/Schülerinnen so zu verfremden, dass keine Rückschlüsse auf die tatsächlich beschriebenen Personen möglich sind. Nach dem Bundesdatenschutzgesetz, dem Datenschutzgesetz der Länder sowie der im europäischen Rechtsraum verbindlichen „data protection" ist der Umgang mit personenbezogenen Daten und Informationen so vorzunehmen, dass vor allem niemand in seinem Selbstbestimmungsrecht beeinträchtigt wird. Gleichermaßen ist der Schutz personenbezogener Daten vor Missbrauch zu gewährleisten. Es genügt also nicht unbedingt, statt der Namen nur die Initialen anzugeben: Sobald im vorliegenden Beispielfall Name und Standort der Schule bekannt wären, wäre es nicht allzu schwer, sich aufgrund der geschilderten Fakten die fehlenden Daten „zusammenzureimen". Um auch möglichen falschen Rückschlüssen mit entsprechend negativen Auswirkungen im Vorfeld zu begegnen, hat eine absolut undurchschaubare A. gerade von Personennamen und von real existierenden Orten zu erfolgen.

Beispiel: Ein angehender Hauptschullehrer schreibt in seiner Ersten Staatsarbeit einen Erfahrungsbericht über die *„Auswirkungen von Deeskalationsmaßnahmen an der XYZ-Schule"*. Sobald er konkrete Namen auflisten würde, die in diesem Kontext zu nennen wären, würde er gegen das Datenschutzgesetz verstoßen. Selbst eine scheinbar zurückhaltende Beschreibung wie: *„Der in einem sozial schwachen Milieu aufgewachsene deutsche Schüler Kevin S. fällt ebenso wie der türkischstämmige Schüler Murat C. durch aggressives Verhalten auf"* bedeutete noch eine grundlegende Verletzung des Daten- und Persönlichkeitsschutzes dieser Schüler, da eine Zuweisung aufgrund der angeführten Inhalte schnell vorzunehmen wäre: Der Name des Lehrers ist bekannt; die Klassen, in denen er unterrichtet, sind problemlos zu eruieren; die Namen Kevin S. und Murat C. in Verbindung mit „deutsch" bzw. „türkischstämmig" lassen einen sicheren Schluss auf bestimmte Personen zu.

Bei der A. wären die Namen vollständig zu verfremden, indem z. B. das Alphabet durchbuchstabiert werden könnte, und zwar ohne eine Unterteilung der Namen in Vor- und Familienname: Schüler A, Schüler B, Schüler C usw. Eine Ordnung nach Ziffern ist ebenfalls möglich: Schüler 1, Schüler 2, Schüler 3. Inwieweit auf bestimmte

„Attribute“ wie z. B. „deutsch“ oder „türkischstämmig“ verzichtet werden muss, hängt von den Gegebenheiten ab: Wenn es (um bei diesem Beispiel zu bleiben) lediglich einen einzigen türkischstämmigen Schüler in einem bestimmten Umfeld gäbe, so dürfte im Zuge des Datenschutzes diese Tatsache keine Erwähnung finden.

Aufgabenstellung

Jeder wissenschaftlichen Abschlussarbeit wird ein → Titel vorangestellt. Damit ist aber keineswegs zugleich die Aufgabe definiert. Das, was zu tun, was letztendlich als zu erreichendes Ziel zu formulieren ist, entspricht einem ganz eigenen Auftrag, den zu erkennen, zu destillieren und in der Weiterverarbeitung zu erörtern zu den wesentlichen → Anforderungen an eine wissenschaftliche Abschlussarbeit zählt. Es sind also vor dem eigentlichen Beginn des Arbeitens zwei Fragen zu stellen:

1. Wie lautet die Aufgabenstellung?
2. Welches Ziel wird mit dieser Arbeit verfolgt?

Wer auf diese beiden Fragen ohne zu zögern die konkrete Antwort zu geben vermag, hat schon einen guten Ansatz geschafft, sollte sich aber durch die nachfolgend aufgeführten weiteren Fragen vergewissern, ob der eingeschlagene Weg tatsächlich der richtige ist. Wer noch im Zweifel ist, ob die eigenen Gedankengänge den tatsächlichen Erfordernissen entsprechen, sollte sich das den Titel umgebende Themenfeld genau(er) betrachten. Dabei sind die folgenden Aspekte zu beachten:

- Was ist gefordert? Was genau soll getan werden?
- Wie kann dieser Aufgabenstellung am besten entsprochen werden?

Mindestens ebenso wichtig wie diese Fragen ist die folgende, die konsequenterweise eine weitere Frage nach sich zieht:

- Was wird *nicht* verlangt?
- Wie bleibt dieses Nichtverlangte tatsächlich unberücksichtigt?

Mit der Abschlussarbeit ist, wie bereits andernorts erörtert, der Erweis zu erbringen, ein Thema unter Berücksichtigung bestimmter Kriterien wissenschaftlich zu bearbeiten und mit eigenen Worten in schriftlicher Form darzustellen. Die soeben erwähnten Kriterien können variieren – je nachdem, um welche Art von Arbeit es sich handelt. Eine Dissertations-Forschungsarbeit zum Beispiel im Bereich der Naturwissenschaften oder der Medizin stellt ganz andere Anforderungen an den Examenskandidaten als eine Diplom- oder Staatsarbeit, auch wenn einer solchen sogar ebenfalls eine Thematik aus dem natur- oder ingenieurwissenschaftlichen Bereich zugrunde liegt: Forschung verlangt immer eine andere Vorgehensweise als eine Beschreibung. Insofern ist als erstes unbedingt zu klären, was gefordert wird:

- Sollen eigenständige Untersuchungen samt der daraus resultierenden neuen Erkenntnisse vorgestellt werden?

Oder:

- Ist die Beschreibung eines Vorgangs bzw. eines Zustands oder einer Entwicklung gefragt bzw., wird die Darlegung von Erkenntnissen analog zum aktuellen Wissenschaftskanon verlangt?

Die erste dieser letzten Fragen ist aufgrund der Aufgabenstellung nur fallweise zu beantworten und kann insofern in einer komplexen Form kaum allgemein behandelt und erst recht nicht theoretisch erörtert werden. Aufgabenstellungen dieser Art finden sich vornehmlich im Zusammenhang mit Dissertationen. Die zweite Fragestellung (vornehmlich Bachelor-, Master-, Diplomarbeiten) enthält einen gegenüber der ersten Frage entscheidend anderen Ansatz: Nicht die Darlegung *neuer* Erkenntnisse steht im Mittelpunkt, sondern die logische, für den Rezipienten nachvollziehbare Darstellung bereits *vorhandener* Erkenntnisse auf der Basis des im Studiums erworbenen Wissens und unter Anwendung wissenschaftlicher → Methoden. Inwieweit die Anforderungen gerade bei Master-Arbeiten zwischen beiden – also den Anforderungen an eine Diplomarbeit und denen einer Dissertation – angesiedelt sind, muss sich erst noch konkret erweisen: Manche Formulierungen dazu in den jeweiligen Prüfungsordnungen geben bisher noch zu wenig Aufschluss, als dass der Master-Prüfungskandidat darin eine eindeutige Orientierungshilfe sehen könnte.

Aufschieberitis (Prokrastination)

Ob die Ursache für das Mañana- bzw. Last-minute-Syndrom in einer zu hohen Anforderung an sich selbst oder gerade dem Gegenteil, einem extrem ausgebildeten Minderwertigkeitskomplex begründet liegt, kann weder theoretisch noch allgemein erörtert werden. Der eine sieht sich vielleicht auch schlicht als zeit-loser Künstler, der andere als Genie; mancher wird trotz fehlender Planung irgendwie immer fertig, der andere schafft es dagegen nie, bestimmten Anforderung zeitgemäß zu entsprechen.

In der medizinischen Fachwelt wird das zunehmende Phänomen der Prokrastination allerdings mit Sorge betrachtet; schließlich wirkt sich das ständige Verschieben von Aufgaben und Arbeiten aufgrund der daraus resultierenden Konsequenzen nachteilig auf die Psyche der Betroffenen aus und verursacht negativen Stress, der wiederum zu Depressionen führen kann: Die Schätzungen, wie viele Studierenden aufgrund von Prokrastination ihre Arbeit gar nicht erst abgeben, belaufen sich auf um die 20 Prozent; siehe dazu: (http://www.spiegel.de/unispiegel/studium/0,1518,624871,00.html; Stand/Abruf: 17.05.2009).

Was aber kann man tun bzw., kann überhaupt etwas gegen A. getan werden? Jein! Wer unter seiner Prokrastination leidet, jedoch nicht imstande ist, auch mit den im Internet und in Fachbüchern angebotenen Tipps und Tricks dagegen anzugehen, sollte unbedingt professionelle Hilfe in Anspruch nehmen, um diesem Teufelskreis zu entkommen. Die anderen aber, die sowieso nur unter Zeitdruck zur Hochform auflaufen, sollten sich so nehmen, wie sie sind – und allenfalls etwas weniger über den Stress klagen, dem sie ständig ausgeliefert sind: Manche Panikattacke ist nämlich hausgemacht und nervt die Umwelt gerade deswegen.

Ausblick

Der Schlussteil einer wissenschaftlichen Arbeit weist je nach Themenstellung einen A. auf, wobei mit der Einschränkung „je nach Themenstellung" bereits deutlich wird, dass nicht jede Arbeit Potenzial für einen A. bietet. Eine Forschungsstudie darf durchaus nach Darlegung der Ergebnisse den Blick nach vorne wagen; ebenso verhält es sich z. B. mit der Untersuchung, die im Informatikbereich mit der Einführung einer neuen Software einhergeht. Dagegen sieht z. B. eine formallogische, erkenntnistheoretische Arbeit einen A. erst gar nicht vor.

Ob die Themenstellung einen A. gestattet oder sogar empfiehlt, ist im Einzelfall zu prüfen. Der Blick in die Zukunft bietet sich jedenfalls erst im Anschluss an die → Zusammenfassung (= Resümee) der wesentlichen Ergebnisse der Arbeit und den daraus gezogenen logischen Schlussfolgerungen (= Fazit) an. Hierbei darf jedoch die wissenschaftliche Ebene nicht zugunsten von Spekulationen verlassen werden: Ein A. ist nicht dazu angetan darzulegen, was in Zukunft sein *könnte*, sondern es ist auszuführen, was unter welchen Voraussetzungen denkbar *ist*. Insofern sind auch diese Darlegungen immer mit einer Begründungsbasis zu versehen, welche mit Formulierungen wie: *Unter der Voraussetzung, dass ...; Die zuvor dargelegten Ergebnisse/Erkenntnisse lassen den Schluss zu, dass, ...; Wie mit den zuvor aufgezeigten Ergebnissen bereits deutlich gemacht, lässt sich prognostizieren, dass ...; usw. einhergehen.*

Ausgewogenheit

Manche Themen erweisen sich in der Bearbeitung als ausgesprochen spröde, andere wiederum sind so ergiebig, dass eine Komprimierung auf das Wesentliche kaum möglich scheint. In diesem wie in jenem Fall muss sich derjenige, der eine Abschlussarbeit schreibt, sowohl an die vorgeschriebenen Umfangsangaben halten als auch an die inhaltlichen Vorgaben, welche durch eine bestimmte Themenstellung gegeben sind.

Die Formalempfehlungen sind eindeutig: ca. 70 % des Textes sind dem Hauptteil vorbehalten, die verbleibenden 30 % verteilen sich auf Einleitung und Schlussteil. Anhänge und Verzeichnisse werden in dieser Berechnung nicht mitberücksichtigt. So eindeutig diese Vorgaben auch sind, so schwer ist es manchmal, ihnen zu entsprechen. Da kaum jemand den Schreibprozess mit der Einleitung beginnt, sondern diese – was durchaus legitim ist – oft erst nach Fertigstellung der Arbeit verfasst, fällt manches Mal entweder die Einführung in die Thematik ausgesprochen dürftig aus oder aber das → Fazit im → Schlussteil lässt zu wünschen übrig. Unabhängig davon, dass zum Zeitpunkt der absehbaren Fertigstellung einer solchen Arbeit oftmals die Zeit drängt und deshalb nur noch das Notwendigste als Schlussteil oder auch als Einleitung geschrieben wird, hängt eine Vernachlässigung eines solchen Rahmenkapitels mit der Vergleichbarkeit der jeweiligen Inhalte zusammen: Die in der Einleitung theoretisch dargelegten Gedanken, Probleme, Aufgaben, Ziele usw. werden im Schlussteil wieder aufgegriffen und erneut diskutiert. Dies geschieht zwar aus einem anderen Blickwinkel als in der Einleitung, aber es sind durchaus Analogien zum Einführungskapitel vorhanden. Sind diese identifiziert, unterliegt man leicht dem Irrtum, hier nun die Minimalform anwenden zu können. Genau das aber ist ein Fehlschluss: Einleitung und Schlussteil müssen sich entsprechen: sowohl inhaltlich als auch formal.

Der Hauptteil muss ebenfalls so aufgebaut sein, dass keine Ungleichgewichte auftreten. Dazu gehört, dass in einer praxisbezogenen Arbeit einem theoretischen Teil ein praktischer Abschnitt folgt, dass die Kapitel innerhalb des Hauptteils zumindest die ungefähr gleichen Umfänge und vergleichbare Anzahl an Unterpunkten aufweisen, und dass die Gewichtung innerhalb der Kapitel entsprechend dem durchgängig erkennbaren → roten Faden vorgenommen wird.

B

Behauptung

Eine B. ist eine Aussage, die richtig sein kann oder falsch. Um eine B. auf ihren Verbindlichkeitsgehalt und damit auf ihren Geltungsanspruch hin zu überprüfen, bedarf es bestimmter → Methoden. Diese zu erarbeiten bzw. entsprechende Kriterien anzuwenden, um neben dem einfachen Geltungsanspruch die allgemeine und zugleich langfristige Gültigkeit einer B. zu untermauern, zählt zu den wesentlichen Teilaufgaben, denen in einer wissenschaftlichen Abschlussarbeit zu entsprechen ist.

Für die einer B. angemessene Behandlung ist zunächst eine Abgrenzung zu Wortkategorien erforderlich, die keine B.en sind: So entspricht z. B. der Satz: Ich sehe heute schlecht aus keiner B., sondern einer (fiktiven) Annahme. Entsprechend ist auch mit einem solchen Satz anders umzugehen als mit einer B.: Der Beispielsatz muss weder be- noch widerlegt werden; man kann ihn zwar bekräftigen, abschwächen oder anzweifeln. Aber da kein dauerhafter Geltungsanspruch von ihm abzuleiten ist, spielte es keine Rolle, wenn irgendeine Form einer Reaktion unterbliebe – im Gegensatz zur B. Eine solche erfordert immer entweder den Beweis oder die Widerlegung, zumindest jedoch den Zweifel, sofern weder Zustimmung noch Ablehnung aufgrund fehlender Kriterien oder Methoden möglich sind.

! Was alles dem Begriff B. zuzuordnen ist („Die Erde ist eine Scheibe") bzw. was nicht (siehe Beispiel oben im Text), und in welcher Art B.en auftreten können, ist einem guten → Nachschlagewerk zu entnehmen.

Beurteilungskriterien

Da die B. davon abhängen, inwiefern und in welchem Ausmaß der Examenskandidat den → Anforderungen entsprochen hat, erübrigt sich eine erneute Ausführung. Stattdessen wird auf das Stichwort „Anforderungen" verwiesen.

Beweis und Beleg

Auch wenn beide Begriffe oft synonym verwendet werden, so weisen sie im Detail durchaus Unterschiede auf: Was z. B. in den Geisteswissenschaften als Beleg für eine Aussage angeführt wird – ein Zitat oder die Literaturreferenz in der Fußnote –, riefe bei den Juristen kaum mehr als ein Hohnlachen hervor: Eine Aussage wird nicht glaubwürdiger dadurch, dass sie bereits an anderer Stelle gemacht wurde; denn dass ein Sachverhalt bestimmten Fakten entspricht, muss bewiesen werden. Von einem Beweis sprechen die Juristen aber erst dann, wenn, wie auch in der Mathematik und den Naturwissenschaften, die entsprechenden Kausalitäten *nachzuweisen* sind. Ob diese dann tatsächlich Beweiskraft haben, mag dahingestellt bleiben.

Im Sinne von Kausalitätsabhängigkeiten ist es jedoch absolut einleuchtend, dass eine Literaturreferenz keinen Beweis, sondern allenfalls einen Beleg für eine zuvor gemachte Behauptung darstellt. Wer z. B. anführt, die Farbe des Himmels sei Grün, der untermauert seine Ausführung mit den möglicherweise gefundenen Aussagen anderer, die derselben Meinung sind. Damit ist aber noch keineswegs der Beweis erbracht, dass die Farbe des Himmels tatsächlich Grün *ist.*

Als Konsequenz bleibt folglich nur der Konflikt einer vorhandenen Beweislast; das Dilemma des Wissenschaftlers besteht darin, ihr mit nichts als den Mitteln des Belegs begegnen zu können: Wo die Prämisse bereits als Wahrheit definiert ist, bedarf es keines Beweises, sondern allenfalls des die → Behauptung untermauernden Belegs. Wo jedoch weder Prämissen noch Wahrheiten gegeben sind, kann nur mit Voraussetzungen und Annahmen gearbeitet werden – in der Hoffnung, dass Versuchsreihen irgendwann zur nachweislichen Wahrheit führen. Auf einem solchen Weg ist dann jeder Schritt zu dokumentieren: als Beleg für die irgendwann erzielten und als verbindlich zu definierenden Ergebnisse.

Bibliografie → Katalog

Bibliografieren → Literaturrecherche

Blocksatz

Es handelt sich um eine typografische Methode, bei der die Zeilenränder eines Textes links und rechts bündig erscheinen. Dadurch wird gegenüber dem → Flattersatz ein auf den ersten Blick ausgeglichenes und damit gefälliges Schriftbild erzeugt. Da dies aber oftmals nur durch große Wortzwischenräume oder viele Worttrennungen zu erreichen ist, sollte der Autor bereits beim Einrichten des Textes die Seitenränder entsprechend den Vorgaben berücksichtigen sowie beim Einschalten der automatischen → Silbentrennung die Anzahl der aufeinander folgenden Trennungen (Richtwert: nicht mehr als drei) festlegen. So sind erstens die unschönen Lücken im Text zu vermeiden, und zweitens kann schon im frühen Schreibstadium Einfluss auf die Gestaltung des Layout genommen werden, was zu Zeitersparnis führt.

Ob der Fließtext in Block- oder Flattersatz zu erstellen ist, gibt meistens der Prüfer vor – oder aber man orientiert sich an früheren Abschlussarbeiten der Hochschule, z. B. dann, wenn der Prüfer keine Meinung zur Layoutgestaltung äußert. Die Verwendung von Blocksatz für eine umfangreiche Abschlussarbeit ist auf jeden Fall gut zu überlegen, da der Blocksatz gegenüber dem Flattersatz den Nachteil vor allem folgender Einschränkung aufweist: Automatisch vorzunehmende Worttrennungen setzen das entsprechende Wort sowie seine möglichen Silbentrennungen im Pool des Textverarbeitungsprogramms voraus. Wo dies nicht gegeben ist, sind entweder die bereits angesprochenen unschönen Lücken in Kauf zu nehmen (was oftmals aus Zeitgründen geschieht), oder aber man hat das Wort manuell zu trennen, indem an den möglichen Trennfugen sogenannte „bedingte“ Trenn-stri-che eingefügt werden.

Wann also ist Blocksatz zu empfehlen? Bewährt hat er sich bei längeren → Zitaten! Als „längere Zitate“ werden solche bezeichnet, die über mehr als drei Zeilen laufen: Sie sollten vom Fließtext deutlich abgesetzt werden – mit Zeileneinzug, Blocksatz und möglicherweise sogar zusätzlich in einem um 2pt kleineren Schriftgrad als der → Fließtext.

! Bei durch Blocksatz bedingten Lücken im Text dürfen auf gar keinen Fall feste Trennungen vorgenommen werden, indem an den entsprechenden Stellen einfach Bindestriche eingefügt werden: Die geringste nachträgliche Veränderung führt zu unsinnigen „Bindestrichwörtern“ innerhalb einer Zeile. Stattdessen müssen, wie oben erwähnt, bedingte Trennstriche eingefügt werden. Zur Vorgehensweise ist die Hilfefunktion des Textverarbeitungsprogramms zu konsultieren.

Blütenlese

Der Begriff leitet sich vom lateinischen Wort „florilegium“ ab und bezeichnet ursprünglich eine Literaturgattung, welche im Griechischen Anthologie genannt wurde. Es handelt sich dabei meist um eine Zusammenstellung von entweder Zitaten oder Redewendungen bestimmter Autoren.

Solche Florilegien/B.n mögen in der Literatur ihre Berechtigung und sogar einen bestimmten Sinn (gehabt) haben: in einer wissenschaftlichen Abschlussarbeit wirkt sich ein solches „genus litterarium“ jedoch ausgesprochen nachteilig aus! Erwiesenermaßen erscheint es oftmals geradezu unmöglich, den inhaltlich wie syntaktisch perfekt gestalteten Satz eines für die zu erstellende Arbeit hinzugezogenen Autors in eigenen Worten wiederzugeben, und zwar aus dem Grund, weil eben alles an diesem Satz perfekt ist: Dann sei's drum. Nichts spricht gegen ein wörtliches → Zitat. Eins! Oder auch ein zweites, sofern in beiden Fällen ein wörtliches Zitieren überhaupt gerechtfertigt ist.

So wäre das descartessche „Cogito, ergo sum“ („Ich denke, also bin ich“) kaum als → Paraphrase wiederzugeben; der kategorische Imperativ von Immanuel Kant: „Handle nur nach derjenigen Maxime, durch die du zugleich wollen kannst, dass sie ein allgemeines Gesetz werde“ ist – je nach Kontext – dagegen durchaus als inhaltliche Wiedergabe denkbar.

Wesentlich ist, dass der Sinn einer wissenschaftlichen Abschlussarbeit nicht darin besteht, lediglich die verbindenden Worte zu einer Abfolge von Zitaten zu schreiben (auch wenn dies durchaus eine Kunst darstellen würde, die aber im vorliegenden Kontext nicht gefordert ist). Um sich vor den fatalen Folgen einer Blütenlese zu schützen, sind rechtzeitig die → Anforderungen an eine wissenschaftliche Abschlussarbeit zu reflektieren.

Bücherliste

Treffender wäre der Begriff „Literaturliste“. Um jedoch Verwechslungen mit dem → Literaturverzeichnis zu vermeiden, hat sich offenbar die Bezeichnung B. für die im Zusammenhang mit einer wissenschaftlichen Abschlussarbeit zu sichtende Literatur etabliert. Eine B. zu erstellen ist durchaus empfehlenswert; es handelt sich hierbei jedoch nicht, wie beim bereits erwähnten Literaturverzeichnis, um ein Muss: Mancher Verfasser einer Abschlussarbeit hat sich auch ohne eine solche B. bis zur Fertigstellung durchgekämpft. Bequemer gestaltet sich die Arbeit jedoch mit einer B., da alle wesentliche Informationen zu einem Titel dort schnell erfasst – und, was noch wichtiger ist, – umgehend abzurufen sind. Dieser Vorteil wirkt sich gerade in Phasen von Zeitdruck sehr positiv aus. Neben vorhandenen Standardprogrammen (z. B. EndNote), die komfortable Lösungen und ausgefeilte Möglichkeiten zum Abspeichern von Text und Bildern anbieten, kann man eine solche Liste natürlich nach eigenen Vorstellungen gestalten. Die nachfolgende Tabelle, welche zwecks Übersichtlichkeit auf die unverzichtbaren Informationen beschränkt wurde, soll dafür als Beispiel dienen:

Autor	**Titel/ Untertitel**	**Ersch.-Jahr**	**ISBN**	**Noch zu lesende Kapitel**	**Wichtige Seiten/ Abschnitte im Buch**	**Titel merken (ja/nein)**
Winteler, A.	Professionell lehren u. lernen	3. Aufl. 2008	978-3-534-17258-0	Evtl. Einleitung?; 2	Kap. 1/10/11/12; Register, Literatur	Ja!
Baun, C.	LATEX für Dummies	1. Aufl. 2003	3-8266-3035-1	Kap. 6: Tabellen	Kap. 6/13/18	Ja!

Da die B. im Stadium der → Literaturrecherche (siehe hierzu auch → Karlsruher Virtueller Katalog) und Literaturauswertung erstellt wird, werden zunächst alle Titel erfasst, die man für die Arbeit ausgeliehen, bei sich gestapelt und/oder im Internet gefunden bzw. als Ausdrucke vorliegen hat. Sehr bald können die ausschließlich bibliographischen Daten um eigene Anmerkungen ergänzt werden oder aber man löscht solche Einträge, bei denen man festgestellt hat, dass der → Titel mehr versprach, als der Inhalt dann hergibt. Sinnvollerweise sollte man nicht nur den Eintrag entfernen, sondern auch die Literatur am Arbeitsplatz selbst entsprechend reduzieren, sodass ausschließlich die relevante Literatur zur Auswertung übrig bleibt.

C

Chaos (Umgang mit/Vermeidung von)

„Und aus dem Chaos sprach eine Stimme zu mir: ‚Lächle und sei froh, denn es könnte schlimmer kommen.' Ich lächelte und war froh – und es kam schlimmer!"

Wer an seiner Abschlussarbeit schreibt, befindet sich in einer Extremsituation. Ganz gleich, wie gut man sich mit seinem Thema auseinandergesetzt und vertraut gemacht hat: Irgendwann gelangt jeder einmal (oder auch mehrmals) an den Punkt, wo das angestrebte Ziel in vermeintlich unerreichbare Ferne rückt. Die Ursachen können vielfältig sein; die Auswirkungen sind es demzufolge auch, was aber im Endeffekt die Misere nur noch schlimmer erscheinen lässt. Bevor der C.-Kandidat dann in die nächste Phase eintritt, in der er kaum noch die Wahl zwischen dem absoluten Versinken in einem Wust von Material, der Verzweiflung und/oder Resignation hat, sollte er sich selbst eine bestimmte räumliche und zeitliche Distanz zu seinem Arbeitsplatz verordnen. Das kann eine Runde notwendiger Schlaf sein, ein Spaziergang oder schlichtes Nichtstun. Wichtig allein ist der Abstand zum Schreibtisch (auch wenn man diesen kaum noch orten kann) → Abgrenzung der (Lebens-)Zeit-Räume.

Nun ist aber gerade Zeitmangel einer der größten C.-Lieferanten, und insofern wird sich jeder dagegen sträuben, Zeit zu „opfern", um notwendigen Abstand zu gewinnen. Ein solches Denken ist situationsbedingt natürlich nachvollziehbar, erweist sich in der Auswirkung jedoch als kontraproduktiv: Erwiesenermaßen kann nur derjenige aus einem Sumpf gerettet werden, der nicht strampelt und um sich schlägt, sondern die aufkommende → Panik unterdrückt und dem Sog mit Kalkül und Überlegung begegnet. Wesentlich bei einem bereits vorhandenen C. ist also ausschließlich der Umgang damit; und hier ist vor allem wichtig, dass man sich selbst nichts anderes und vor allem nicht mehr als das zutraut, was man tatsächlich zu leisten imstande ist: Wo bereits C. herrscht, wird kaum kurzfristig Ordnung zu schaffen sein. Es ist also alles Notwendige auf das Machbare zu reduzieren; darüber Hinausgehendes ist illusorisch und schafft zusätzliche Frustration. Konkrete Vorschläge bzw. Empfehlungen zum Erreichen einer Minimal-Ordnung finden Chaoten unter → Organisationsplan Abschlussarbeit. Tipps und Hinweise zum Vermeiden von chaotischen Zuständen finden sich – – – in diesem Buch nirgends. Denn entweder *ist* man Chaot – dann nützen auch die besten Tipps nichts –, oder man ist ordnungsliebend: Dann erübrigt sich jeglicher Hinweis.

- Wer bislang lieber gesucht hat, statt sich einer wie auch immer gearteten Ordnung zu unterwerfen, der sollte besser nicht inmitten des bestehenden C. plötzlich einem Plan folgen wollen: So etwas gelingt in den wenigsten Fällen und ist zudem gerade in dieser Situation zu zeitaufwändig.
- Jeder sollte bevorzugt seiner eigenen Ordnung oder notfalls auch seinem persönlichen C. folgen: Die guten Ratschläge und Hilfsangebote anderer sollte man zu würdigen wissen, aber erst nach Fertigstellung der Arbeit für sich selbst überdenken. Warum? Weil man sein eigenes C. kennt und dort eher noch etwas findet als in der Ordnung anderer!

Checkliste(n)/Projektplan

Als Voraussetzung im Umgang mit Checklisten und/oder einem Projektplan sind ein strukturiertes Denken und systematisches Handeln unerlässlich; denn gerade Checklisten bzw. ein Projektplan sind als Hilfsmittel nur dann von Nutzen, wenn man sie sinnvoll erstellt und vor allem auch anwendet.

Grundlegend für einen Projektplan sind die Festlegung eines Anfangs- und eines Endpunktes, die den Beginn bzw. das Ende des Projekts definieren. Mit der Terminierung auf einen Anfangs- und Endpunkt ist ein verbindlicher Zeitrahmen vorgegeben, der unbedingt mit Puffern erweitert und insgesamt nicht zu knapp bemessen sein sollte. Die Checkliste dagegen kann z. B. in Form einer → MindMap erstellt und anschließend in eine Systematik bzw. hierarchische Ordnung gebracht werden. Beide, der Projektplan und die Checkliste, können anschließend zueinander in Abhängigkeit gestellt werden. Vorstellbar ist z. B., zunächst einen *groben* Zeitplan für das Verfassen der Abschlussarbeit zu zeichnen und diesen im Verlauf der Arbeit zunehmend zu verfeinern → Organisationsplan Abschlussarbeit. Weiterhin empfiehlt sich eine separate Aufstellung aller zu leistenden Aufgaben, angefangen von der → Literaturrecherche bis hin zur letzten Durchsicht der Arbeit vor Drucklegung (siehe dazu: Checkliste → Schlusskorrektur). In ein Koordinatensystem gestellt, können Zeit- und Arbeitsplan (= Projektplan) als mathematisches Schaubild den jeweils aktuellen Stand wiedergeben (siehe Beispiel auf Folgeseite). Solche Listen bzw. Darstellungen machen aber nur dann Sinn, wenn man sie ebenso systematisch abarbeitet, wie man sie erstellt hat. Als empfehlenswert für eine Abschlussarbeit haben sich erwiesen:

- ○ Zeitplan
- ○ Arbeits-/Aufgabenplan allgemein
- ○ Zeit- und Arbeitsplan = Zeit-/Projektplan
- ○ To do-Liste (nach bereits erfolgter Abarbeitung bestimmter Aufgaben ist eine regelmäßige Aktualisierung erforderlich)
- ○ Bestandsliste vorhandener Literatur, getrennt nach wichtig und unwichtig
- ○ Liste noch auszuwertender Literatur
- ○ Liste auszuwertender Online-Quellen (mit URLs)
- ○ Aufstellung noch zu bearbeitender Fußnoten
- ○ Bestandsliste fertiggestellter Text

oder:
- ○ Liste noch fehlender Kapitel
- ○ usw.

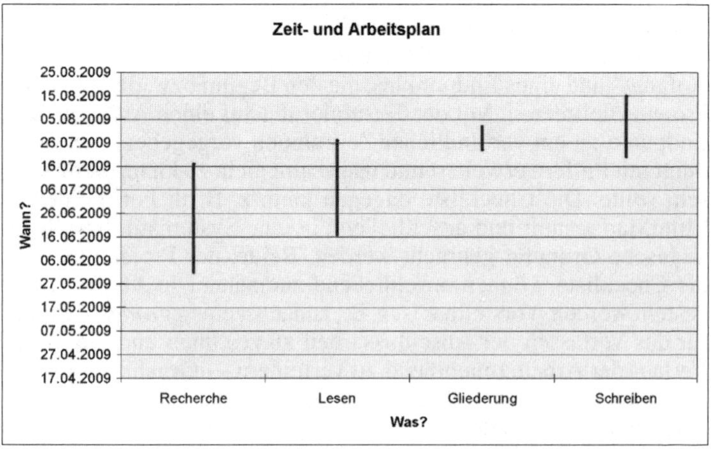

Als besonders motivierend haben sich in diesem Zusammenhang bestimmte „Erfolgsfaktoren“ erwiesen: Zum einen wirkt sich das Ab- bzw. Ausstreichen von erledigten Aufgaben ausgesprochen positiv auf die Psyche desjenigen aus, der seine Arbeitsberge sichtbar abtragen kann. Zum anderen vermittelt eine dergestalt strukturierte Arbeitsweise ein Gefühl der Sicherheit, da man sich selbst einer ständigen Erfolgskontrolle unterzieht. Mehr zum Thema → Motivation ist unter dem Stichwort selbst zu finden.

Der Gefahr von Frustration aufgrund von Misserfolgserlebnissen oder wegen Nicht-Einhaltung vorgegebener, jedoch nicht eingehaltener Zeitfenster kann man mit entsprechenden Puffern begegnen. Solche sollten zur Genüge eingebaut werden, damit man die Möglichkeit zum Ausgleich wahrnehmen bzw. damit man Unwägbarkeiten wie → Schreibblockaden, aber auch arbeitsbedingtem Liebeskummer u. Ä. begegnen kann.

Clustern

Aus dem Englischen übersetzt bedeutet das Wort „Bündel, Traube, Schwarm“. Es handelt sich um eine Methode, die dem Brainstorming und dem → MindMap ähnlich ist, da auch das C. dazu führt, dass Ideen entwickelt und sprachlich entfaltet werden können. Der Sinn des C.s. besteht darin, Assoziationen frei und vor allem unbewertet strömen zu lassen, sich also ausschließlich der Ideen*findung* zu widmen, wobei es unerheblich ist, was aus dem Resultat dieser Gedankenflüsse später verwertet wird.

Voraussetzung für das C. ist eine locker-entspannte Einstellung und die damit einhergehende Vorgehensweise. Wer sich also bereits unter Zeitdruck befindet, wird kaum Erfolge verzeichnen können, sofern er überhaupt den Nerv hat, sich mit einem leeren Blatt Papier und mit Stiften zurückzuziehen, um zu clustern. Wer aber erst am Anfang des Schreibprozesses steht und nicht so richtig ins Thema und ans Schreiben kommt, sollte diese Technik ruhig einmal ausprobieren. Vorgesehen ist, mit einem sogenannten Kernwort, welches in die Mitte des Papiers geschrieben und eingerahmt wird, zu beginnen. Das kann ein Substantiv sein, ein Verb, ein Adjektiv – eben ein Wort, das thematisch im Zentrum des eigenen Interesses steht. Um dieses Kernwort werden anschließend die entsprechenden

Assoziationen gruppiert, die ebenfalls wieder aus Wörtern bestehen können, aber auch aus Sätzen oder Satzfragmenten. „Schreiben" als Kernwort könnte z. B. die folgenden Assoziationswörter um sich versammeln: Stift, Papier, Buchstaben, Wörter, Sätze, Sprache usw. Diese Assoziationswörter werden auch wieder eingerahmt. Die nächsten, ebenfalls aufzunotierenden und einzukreisenden Assoziationen könnten anschließend z. B. lauten: Buch, Zeitung, Zeitschrift, Lesen usw. Sobald die formulierten assoziativen Begriffe für denjenigen, der clustert, einen Zusammenhang ergeben, werden sie mit einem Strich miteinander verbunden, sodass eine (Gedanken-)Kette entsteht. Beim vorgegebenen Beispiel wäre eine solche Kette z. B. vorstellbar vom Kernbegriff „Schreiben" über Wörter – Sätze – Buchstaben – Buch – lesen. Ob damit schon etwas als „Resultat", als „Erfolg" zu definieren wäre, müsste im Einzelfall nach dem jeweiligen C. festgestellt werden. Als Methode, die von Gabriele Rico in den 1980er-Jahren entwickelt wurde, erfreut sich das C. jedenfalls einer zahlenmäßig recht großen Anhängerschaft. Wer sich weiter damit beschäftigen möchte, findet im Internet etliche Links sowie weiterführende Literaturempfehlungen.

Corporate Design (der Hochschule): Logo

Hochschulen verstehen sich zunehmend als Unternehmen und folgen insofern ebenso wie Firmen dem Gedanken eines einheitlichen Erscheinungsbildes.

Wer seine Abschlussarbeit mit dem Logo der Hochschule zieren möchte, sollte sich erstens darüber im klaren sein, welchen Ansprüchen in Bezug auf das CD die Arbeit zu genügen hat; zweitens ist – zur eigenen Absicherung – die Bewilligung von Hochschulseite (Pressestelle) für die Verwendung des Logos einzuholen. Wird dem zugestimmt, so ist unbedingt darauf zu achten, dass sowohl Form und Farbe ebenso wie die Schriftart und die Farben, die im Zusammenhang mit dem Logo verwendet werden, nicht verfälscht/oder verfremdet werden dürfen.

D

Deckblatt

Das D. zählt zu den wichtigsten Layoutfaktoren einer wissenschaftlichen Abschlussarbeit und muss deshalb äußerst konzentriert erstellt, kontrolliert und ebenso genau vor dem endgültigen Ausdruck in Augenschein genommen werden. Wer einen Fehler oder eine Unsauberkeit wie z. B. unregelmäßige Einzüge o. Ä. auf dem D. seiner Abschlussarbeit aufweist, muss mit Minuspunkten in der Gesamtbewertung rechnen.

Wie genau das D. layoutmäßig einzurichten ist, wird meistens von der jeweiligen Hochschule oder Prüfungsinstanz vorgegeben. Gleichermaßen verhält es sich mit den Angaben, die auf dem D. vollständig und korrekt aufzuführen sind. Dazu zählen üblicherweise (in chronologischer Folge von oben nach unten):

- Name der Hochschule, evtl. Logo
- Angabe, um welche Abschlussarbeit es sich handelt (Diplomarbeit, Bachelorarbeit, Masterarbeit, etc.)
- Titel/Untertitel der Arbeit
- Angestrebter Abschluss (Diplom, Bachelor, Master, …)
- Studiengang bzw. Fachbereich oder Fakultät
- Name des Absolventen, Matrikel-Nummer
- Abgabetermin (Monat, Jahr)
- Akademischer Titel und Name des ersten Betreuers
- Akademischer Titel und Name des Korreferenten
- Evtl. Nennung weiterer Betreuer (z. B. aus der Diplom-Praktikumsfirma).

Gibt es keine Vorgaben, so kann man sich in der Hochschulbibliothek einige Abschlussarbeiten der Vorjahre ausleihen und sich daran orientieren. Natürlich besteht auch die Möglichkeit, sich bei seinem Prüfer direkt zu erkundigen, nach welchen Kriterien die Gestaltung des D. vorgenommen werden soll. Bevor man sich aber zu diesem Schritt entschließt, sollte der Abschnitt zum → Umgang mit dem Professor gelesen werden.

!

- Mit dem D. wird der erste Eindruck der Arbeit an die Prüfer vermittelt: Also sollte das D. dem Anlass und dem Thema entsprechen und keine „Spielwiese" für alle möglichen Layoutexzesse darstellen. Am besten verwendet man dieselbe Schriftart wie im gesamten Text, wechselt zwischen höchstens zwei Schriftgraden, geht äußerst sparsam mit Schriftschnitten und Formalauszeichnungen um.
- Der → Titel der Arbeit muss vollständig und korrekt wiedergegeben werden. Bei einem langen Titel sollte die Titelzeile an einer sinnvollen Stelle auf die nächste Zeile umbrechen. Es dürfen keine → Abkürzungen vorgenommen werden.
- Sinnsprüche, Mottos oder symbolträchtige Bilder haben auf einem D. nichts verloren.
- Die jeweiligen akademischen Titel der Referenten sind vollständig und korrekt aufzuführen; hierbei erscheint der Titel „Professor" in der ausgeschrieben Form gefälliger als in der Abkürzung „Prof."; alle Namen – auch die Vornamen – sind in der Schreibung fehlerfrei wiederzugeben.
- Vor der Verwendung eines hochschuleigenen Logos ist abzuklären, wie freizügig die Hochschule den Umgang mit ihrem → Corporate Design gestattet. Meistens kann dies bei der Pressestelle der jeweiligen Hochschule erfragt werden.

Beispiele zur Deckblattgestaltung finden sich auf den nachfolgenden Seiten.

>hier evtl. Logo der Hochschule<

Diplomarbeit

Thema

zur Erlangung des akademischen Grades
z. B. Diplom-Informatiker
bei weiblichen Absolventen z. B. Diplom-Informatikerin

vorgelegt dem (der)
Fachbereich, Fakultät, Lehrstuhl o. Ä.
der … Hochschule …

von
Vorname Name
Matrikel-Nummer

im Monat Jahr
oder WS Jahreszahl bzw. SS Jahreszahl

Referent:
Professor Dr. Vorname Name

Korreferent:
Professor Dr. Vorname Name

Betreuer:
Titel Vorname Name eines evtl. weiteren Betreuers aus dem Praktikumsbetrieb

>hier evtl. Logo der Hochschule<

Bachelorarbeit

Thema

zur Erlangung des akademischen Grades
z. B. Bachelor of Science (B. Sc.)

vorgelegt dem (der)
Fachbereich, Fakultät, Lehrstuhl o. Ä.
der … Hochschule …

Vorname Name
Matrikel-Nummer

im Monat Jahr
oder WS Jahreszahl bzw. SS Jahreszahl

Referent:
Professor Dr. Vorname Name

Korreferent:
Professor Dr. Vorname Name

Betreuer:
Titel Vorname Name eines evtl. weiteren Betreuers aus dem Praktikumsbetrieb

>hier evtl. Logo der Hochschule<

Masterarbeit

Thema

zur Erlangung des akademischen Grades
z. B. Master of Science (M. Sc.)

vorgelegt dem (der)
Fachbereich, Fakultät, Lehrstuhl o. Ä.
der … Hochschule …

Vorname Name
Matrikel-Nummer

im Monat Jahr
oder WS Jahreszahl bzw. SS Jahreszahl

Referent:
Professor Dr. Vorname Name

Korreferent:
Professor Dr. Vorname Name

Betreuer:
Titel Vorname Name eines evtl. weiteren Betreuers aus dem Praktikumsbetrieb

Definition vs. Erklärung

Der Mensch ist ein Säugetier. Bei diesem Satz handelt es sich eindeutig um eine Definition. *Der Mensch kann lachen.* Auch dieser Satz erfüllt den Anspruch einer Definition. Als Voraussetzung für eine Definition ist zum einen ein Bestimmungssystem erforderlich, das der „Abgrenzung" (lateinisch: definire = ab-/ausgrenzen) gegenüber anderen Unterscheidungsmerkmalen dient (Beispiel 1: *Der Mensch ist ein Säugetier und kein Reptil*). Ein anderes Kriterium für eine Definition ist die Angabe von typischen Eigenschaften (Beispiel 2: *Der Mensch verfügt als einziges Säugetier über die Fähigkeit zu lachen*).

Als wesentliche Voraussetzungen für eine Definition gelten: Ausgewogenheit in der Darstellung, also weder eine zu knappe Ausführung noch eine zu ausführliche, die Vermeidung von Kreis- bzw. Zirkelschluss sowie des Widerspruchs in sich.

Die Erklärung dagegen führt eine unbekannte Größe zurück auf eine bekannte Ebene oder ordnet etwas in einen zu verstehenden Zusammenhang, wie der nachfolgende Beispielsatz zeigt: *Soziale Kompetenz ermöglicht es den Menschen, sich in ihrer sozialen Welt zurechtzufinden und sich zu behaupten.*

Ausgehend davon, dass zuvor definiert wurde, was „Soziale Kompetenz" *ist,* gibt diese Erklärung Aufschluss darüber, wozu „Soziale Kompetenz" dient, erklärt also den Begriff in einem bestimmten Kontext.

Deklination (fremdsprachiger Wörter)

Ins Deutsche übernommene fremdsprachige Wörter werden originalsprachlich verwendet, aber nicht „eingedeutscht". Das bedeutet, dass Substantive nicht der entsprechenden deutschen Deklination unterworfen werden. Ist z. B. von einem Workflow die Rede, so ist der Genitiv „des Workflow" ohne das im Deutschen übliche Genitiv-„s" zu schreiben, da die Originalsprache ein solches nicht vorsieht. Ob ein Wort, ein Begriff, ein Terminus mit oder ohne Genitiv-„s" zu schreiben ist, kann am besten über eine Recherche eruiert werden. An erster Stelle ist der → Rechtschreib-DUDEN zu befragen; findet sich dort nichts, kann im DUDEN Fremdwörterbuch nachgeschlagen werden. Als durchaus akzeptable Möglichkeit hat sich auch das Internet erwiesen: *Des PC* ergab 1.070.000 Treffer;

des PCs dagegen 1.200.000 – nicht eben ein auffälliger Unterschied, aber eine Mehrheit zugunsten der eingedeutschten Form mit Genitiv-„s“.

Dezimalgliederung (DIN 1421)

Mit „Gliederung und Benummerung von Texten“ ist die DIN 1421 überschrieben, in der die mittlerweile für wissenschaftliche Arbeiten üblich gewordene Dezimalgliederung geregelt ist. Es werden ausschließlich arabische Ziffern verwendet, also weder römische Ziffern noch lateinische Groß- oder Kleinbuchstaben in der Gliederungshierarchie aufgeführt. Die Zählung beginnt mit der Ziffer 1; der Einleitung die Null voranzustellen ist allerdings auch gestattet.

Das besondere Kennzeichen der Dezimalgliederung ist der Punkt, der *kein* Schlusspunkt ist bzw. sein darf, sondern ausschließlich *zwischen* den einzelnen Gliederungsebenen steht und in dieser Funktion die einzelnen Gliederungsstufen anzeigt. Wie eine Dezimalgliederung aussehen kann, ist nachfolgend in einfachster Form aufgeführt:

1 Einleitung
1.1 Gegenstand und Zielsetzung
1.2 Vorgehensweise und Gliederung
2 Historische Grundlagen
2.1 18. Jahrhundert
2.1.1 Frankreich
2.1.2 Deutschland
2.1.3 Großbritannien
2.1.3.1 England
2.1.3.2 Wales
2.1.3.3 Schottland
2.2 19. Jahrhundert
2.2.1 Frankreich
…
…
3 Aktuelle Entwicklungen
…
…
4 Zusammenfassung und Fazit
5 Kritik und Ausblick

- Von einer Unterteilung in mehr als vier Ebenen ist abzuraten, da weitere Untergliederungen zu Lasten der Übersichtlichkeit gehen.
- Wo ein Haupt- oder Unterpunkt 1 gegeben ist, muss logischerweise ein zweiter folgen: Wer A sagt, muss auch B sagen.
- Die allgemeinen Hinweise beim Stichwort „Gliederung" gelten selbstredend auch für die Dezimalgliederung.
- Die Dezimal*gliederung* darf nicht verwechselt werden mit der Dezimal*klassifikation*. Diese gliedert das gesamte Wissen entsprechend dem Dezimalsystem in zehn Kategorien, welche sich wiederum in jeweils zehn Unterklassen unterteilen lassen usw. Dass diese Dezimalklassifikation Anwendung in einer Abschlussarbeit finden könnte, ist eher unwahrscheinlich; der schnell gemachte Fehler liegt viel mehr in der Gefahr, die falsche Terminologie anzuwenden.

DIN 5008, DIN 1505-2

Manche Hochschule liefert konkrete Vorgaben hinsichtlich Aufbau und Struktur einer Examensarbeit und berücksichtigt dabei auch weitgehend die entsprechenden Formalia wie den Umgang mit Zitaten und den Aufbau des Literaturapparates. In den meisten Fällen orientieren sich die Hochschulen an den DIN 5008 und den DIN 1505, Teil 2; in Einzelfällen kann es aber auch vorkommen, dass diese Normen völlig außer Acht gelassen werden. Gibt die Hochschule eigene Richtlinien als verbindliche Grundlage heraus, so sollte sich der Examenskandidat daran orientieren und nur in Ausnahme- und Zweifelsfällen auf die jeweilige DIN zurückgreifen.

Die DIN 5008 (Schreib- und Gestaltungsregeln für die Textverarbeitung) ist insbesondere ein unentbehrlicher Helfer bei der einwandfreien Gestaltung des → Deckblatts, in Bezug auf Schreibungen (z. B. von Datumsangaben, akademischen Titeln u. v. a. m.) und im korrekten Gebrauch von Interpunktionszeichen. Welche sonstigen Dienste sie leistet, sollte für den Einzelfall nachgeschlagen werden.

In der DIN 1505, Teil 2, sind die „Titelangaben von Dokumenten" und „Zitierregeln" verankert, wobei diese Inhaltsangabe stark verkürzt nur einen Teilbereich dessen wiedergibt, was die DIN 1505-2 tatsächlich enthält.

Indem sie Aufbau und Struktur von → Zitaten und hinsichtlich der Erstellung eines → Literaturverzeichnisses regelt, ist gerade dieser wesentliche Komplex der Literaturverarbeitung in die Verbindlichkeit eines Regelwerks gestellt. Wo die Hochschule keine konkrete Vorgabe liefert, sollte immer auf die DIN 1505-2 zurückgegriffen werden.

Duktus

Bei einem Schriftsteller wird in einer Besprechung, in einer kritischen Würdigung oder in einem Aufsatz zu seinem Werk oft auch auf seinen D. Bezug genommen. Gemeint ist hier die für den Autor typische, ja geradezu charakteristische Art zu schreiben. Wer des Schreibens eher ungeübt ist, wird noch kaum über einen solchen D., eine „eigene" Art zu schreiben, verfügen, sondern eher der Versuchung unterliegen, sich dem D. eines anderen Autors anzupassen bzw. diesen zu übernehmen. Solange es beim Nachahmen bleibt, können kaum Einwände vorgebracht werden, außer, dass es dem Verfasser an einem eigenen Stil mangelt. Sobald aber eine wörtliche Übernahme von geschriebenen Texten erfolgt, ohne dass dies angezeigt wird, handelt es sich um → Plagiat.

Eidesstattliche Erklärung

Eine solche wird in den meisten Fällen als Textbaustein von der Hochschule vorgegeben und muss folglich im entsprechenden Wortlaut aufgeführt werden. Die Positionierung innerhalb der Arbeit – meistens zum Schluss des Textteils und vor den Anhängen – entspricht ebenfalls den Vorgaben der Hochschule. Die EE ist meistens im Inhaltsverzeichnis mit anzugeben und wird entweder gar nicht oder als fortlaufender Text paginiert. Wo die Hochschule die EE lieber als Verzeichnis sieht, sollte sie auch entsprechend mit römischer Ziffer versehen werden. Da keine verbindliche Regelung hinsichtlich der Positionierung und Paginierung existiert, sollte man sich entweder kundig machen, wie die Gepflogenheiten sind, oder aber nach Gutdünken handeln.

Der Text der EE besteht zumeist aus zwei inhaltlich wesentlichen Faktoren: erstens der Erklärung, die Arbeit selbstständig und ausschließlich unter Zuhilfenahme der angegebenen Hilfsmittel angefertigt zu haben, und zweitens aus der Versicherung, dass die vorliegende Arbeit noch keiner anderen Prüfungsbehörde vorgelegt wurde. Eine nicht der Wahrheit entsprechende EE ist nach § 156 StGB eine Straftat und wird bei Entdeckung auch als solche geahndet.

Beispieltext: Der Verfasser/Die Verfasserin der vorliegenden Arbeit versichert an Eides statt, die Arbeit selbstständig und unter ausschließlicher Verwendung der angegebenen Hilfsmittel und Quellen verfasst zu haben. Die Arbeit wurde in vorliegender oder in abgeänderter bzw. gekürzter und/oder erweiterter Form noch keiner anderen Prüfungsbehörde vorgelegt.

Ort, Datum und handschriftliche Unterschrift schließen den kurzen Text ab.

!

- Die EE darf auf gar keinen Fall vergessen werden! Hierzu ist aber vorher zu klären, bei welcher Form der wissenschaftlichen Abschlussarbeit eine solche Erklärung überhaupt verbindlich ist: Dissertationen und Habilitationen z. B. sehen eine solche Versicherung nicht (mehr) vor.
- Wer überwiegend mit Copy/Paste gearbeitet, dies aber nicht deutlich gemacht hat, sollte sich nicht auf sein „Glück" verlassen:

Auch nach Jahren ziehen Entdeckungen von → Plagiaten die entsprechenden Folgen nach sich.

- Das Hinzuziehen eines Lektors/einer Lektorin muss, ebenso wie die Korrektur lesende Mutter oder andere Verwandte und Freunde, nicht als Hilfsmittel deklariert werden: Ein Lektor oder andere guten Geister trägt bzw. tragen allenfalls zur qualitativen und optischen Verbesserung der Arbeit bei; inhaltlich-urheberrechtliche Grundlagen werden dadurch jedoch nicht tangiert – so jedenfalls sieht es der Idealfall vor.

Einheitlichkeit

Was sich als Begriff so selbstverständlich und fast banal ausnimmt, wirkt sich in allen Bereichen einer Abschlussarbeit (Inhalt, Form, Sprache) und damit letztlich grundlegend auf die Benotung aus. Das Layout lässt sich durch Verwendung von Formatvorlagen so gut wie durchgängig einheitlich gestalten: Schrift, Schriftgrad, Schriftschnitte, Kapitelüberschriften, Absatzformatierungen, Fußnotenverwaltung, Gestaltung des → Satzspiegels – alles dies und noch vieles mehr kann wunderbar im Vorfeld des Schreibprozesses mithilfe einer Formatvorlage definiert werden, sodass ein einheitliches Bild gewährleistet ist.

Nun ist Form zwar schon sehr viel, aber ohne Inhalt ist sie bekanntermaßen nichts. Erwünscht sind also nicht zuletzt ein durchgängiger Schreibstil, eine einheitliche Sprache sowie eine dem Verfasser des vorliegenden Textes eindeutig zuzuordnende Art der Themenbehandlung. Was den Schreibstil und die verwendete Sprache betrifft, so sind Brüche recht schnell dadurch festzustellen, dass sich der → Duktus ändert und die → Syntax gegenüber anderen (meist überwiegenden) Passagen abweicht. Inhaltlich werden oftmals ebenfalls Auffälligkeiten deutlich, da möglicherweise eine bestimmte Form der Beweisführung mit einem Mal nicht mehr eingehalten wird oder man mit anderen Mitteln oder Strategien als bisher arbeitet, ohne dies zu begründen. Solche Unebenheiten sollten unbedingt vermieden werden, was allein oftmals schon dadurch gegeben ist, dass man bestimmte verwendete Textstellen als Zitate kennzeichnet. Mehr zu diesem Thema ist unter → Plagiat zu finden.

- Eine einheitliche Sprache kann gewährleisten, wer sich immer wieder den bzw. die → Adressaten der Arbeit vergegenwärtigt und sich an diesen orientiert.
- Mit der Festlegung auf eine bestimmte DUDEN-Version (siehe hierzu → Rechtschreibung) vermeidet man unterschiedliche Schreibweisen innerhalb des Textes.
- Die bibliografischen Angaben sollten ebenfalls nach einem einheitlichen Muster erfolgen: entweder wird immer die Langform des Aurorenvornamens angegeben oder immer nur das Initial; entweder führt man immer den Verlag mit auf oder nie – aber keinesfalls darf man einmal so verfahren und dann wieder anders!
- Um authentisch zu schreiben – sowohl inhaltlich als auch sprachlich – ist ein (im Wortsinn) gesundes Selbst-Bewusstsein erforderlich. Andernfalls unterliegt man zu schnell der Gefahr von Imitation, was etliche Folgen nach sich ziehen kann – u. a. die einer profillosen Arbeit und/oder „Verzettelung" bzw. Detailverliebtheit.

Einleitung

Jede Arbeit beginnt mit einer E., in der sowohl die → Aufgabenstellung als auch die Zielsetzung der Arbeit dargelegt werden. Die E. dient dazu, den Leser in die Thematik der Arbeit – was wird aus welchem Grund und zu welchem Zweck untersucht? – einzuführen und ihm einen knappen Überblick über den Aufbau der Arbeit zu geben. Ein kurzer Abriss hinsichtlich der Motivation, die zur Behandlung des Themas geführt hat, kann, muss jedoch nicht als Unterpunkt in der E. behandelt werden. Dagegen ist es unerlässlich, einen Überblick über den Aufbau zu geben, wobei der Schwerpunkt auf die Struktur zu legen ist. Im → Schlussteil werden die grundlegenden Aspekte aus der E. wieder aufgenommen, um sie in den Kontext zu den zentralen Ergebnissen zu stellen. Als Richtwert für den Umfang einer E. werden i. Allg. (zusammen mit dem Fazit bzw. der Zusammenfassung) 20-30 % angegeben, sodass der → Hauptteil zwischen 70 und 80 % des Gesamttextes umfasst.

- Der Sinn einer E. besteht keinesfalls darin, die einzelnen Kapitel nacheinander aufzulisten bzw. die dort vorgenommenen Schritte lediglich zu schildern.

- Auch dürfen die Ergebnisse der Arbeit nicht in der E. vorweggenommen werden, da dies den Gang der Untersuchung ad absurdum führen würde.
- Eine E. ist deutlich abzugrenzen von einem → Vorwort, das eine Sonderstellung innerhalb einer wissenschaftlichen Arbeit einnimmt.

Endnoten

E. erfüllen denselben Zweck wie → Fußnoten; ihre Position ist jedoch nicht im direkten Text- und Sinnzusammenhang gegeben, sondern sie finden sich am Ende des Gesamtdokuments. Dies kann einerseits als Vorteil gesehen werden, weil die Seite weder mit → Definitionen, Erklärungen und → Exkursen noch mit bibliografischen Anmerkungen überfrachtet ist. Andererseits stellt sich das ständige Blättern- und Nachschlagen-Müssen als Nachteil heraus: Wer umgehend wissen möchte, auf welche Referenz sich der Autor des vorliegenden Textes bezieht, ist mit einer Fußnote oder der sogenannten Harvard-Zitierweise (siehe → Zitierweisen) besser bedient.

! Eine Vermischung von Fuß- und Endnoten ist nicht üblich und auch nicht sinnvoll.

Erklärung → Definition

Exkurs

Man bezeichnet damit eine bewusst vorgenommene thematische Abschweifung, die als in sich geschlossener Abriss oder als eigenständiger Teilabschnitt in die Arbeit eingebaut werden kann. Ausgehend vom grundgelegten lateinischen Begriff, der sich aus „ex“ = aus/heraus und dem Verb „currere“ = laufen zusammensetzt, ist darauf zu achten, dass der E. durchaus einen „Streifzug“ darstellt, dabei jedoch nicht aus dem Ruder läuft. Man sollte also vermeiden, vom Hölzchen aufs Stöckchen zu verzweigen bzw. noch auf Ästchen und Würzelchen abzuschweifen. Ein *guter* Exkurs zeichnet sich dadurch aus, dass er – wenngleich entfernt, so doch nachvollziehbar – mit dem Thema der Arbeit bzw. einem Bereich daraus zu tun hat und es insofern nachvollziehbar sowie gewinnbringend für den Leser ist, dem vorgenommenen Abstecher zu folgen.

Formal kann dies so geschehen, dass entweder eine längere Textpassage als „Exkurs“ be- und entsprechend ausgezeichnet wird, dass diese „Abschweifung“ jedoch nicht als eigener Gliederungspunkt im Inhaltsverzeichnis auftaucht. Man vermeidet damit auf jeden Fall, sich der Gefahr eines Einzelpunktes auszusetzen, dem in der Gliederungshierarchie der notwendige (und logische) zweite (Unter-)Punkt kaum mehr folgen kann: Ein E. sollte nämlich keinesfalls eine unmittelbare zweite Abschweifung nach sich ziehen, zumal die Anforderung an die Arbeit nicht aus einer Ansammlung von E.en besteht!

Eine weitere formale Möglichkeit, mit einem E. zu arbeiten, besteht darin, diesen in eine → Fußnote an entsprechender Stelle einzubauen. Hier ist allerdings die gebotene textliche Kürze zu beachten, da eine Fußnote nicht dazu geeignet ist, gedankliche Darlegungen gleich welcher Art über mehrere Seiten aufzuführen. Ob man sich nun für einen E. als Bestandteil des → Fließtextes oder als eigenständige Fußnote entscheidet, hängt folglich vom textlichen Umfang des E.es ab und davon, inwieweit der Lesefluss gestört werden könnte. Gerade dieser Aspekt ist generell ins Kalkül zu ziehen, bevor man sich für oder gegen die Aufnahme eines E.es in einen Wissenschaftstext entscheidet.

!

- Von der Behandlung allzu abseits gelegener Themen ist auch in der Form des E.es abzuraten, da der Leser dann nämlich kaum mehr den „großen“ Zusammenhang herstellen kann.
- Die Behandlung sehr randständiger Themen erweckt zudem schnell den Eindruck von Detailverliebtheit, was in einer akademischen Arbeit ebenfalls fehl am Platze ist.

Exzerpt

Exzerpieren bedeutet selektieren, also bestimmte Gedanken aus einem größeren Textzusammenhang zu destillieren. Dieses Herausfiltern kann im Kontext mit einer bestimmten Themenstellung erfolgen (1: Wie wird das Problem z. B. der Prokrastination im vorliegenden Text behandelt?) oder aufgrund einer konkreten Fragestellung geschehen (2: Wie verhält sich etwas zu einem anderen?). Für denjenigen, der das Exzerpt (mancherorts wird auch analog dazu von einem Abstract gesprochen) erstellt, ist zunächst wesentlich, ob er eine Erstinformation (Frage 1) erhalten möchte oder ob es um die Beantwortung einer Detailfrage geht (Frage 2).

Sobald festgelegt wurde, nach welchen der genannten Gesichtspunkte das Exzerpt zu erstellen ist, wird der zugrunde liegende Text gelesen: gründlich zwar, jedoch ohne Anmerkungen oder Kommentare vorzunehmen. Das erste Lesen gilt allein dem Eindruck, den man gewinnt und dem man sich auch ganz bewusst aussetzt. Erst dann kann mit den nächsten Arbeitsschritten begonnen werden:

- Orientierungsphase: Notieren von Auffälligkeiten im Text, z. B. sprachliche Besonderheiten, Formatierungen bzw. ein Vermerk, wenn keinerlei Besonderheiten zutage treten.
- Einteilung des Textes in Sinnabschnitte; Zuweisung von aussagekräftigen Überschriften zu den einzelnen Abschnitten.
- Exzerpieren: Knappe inhaltliche Wiedergabe des im jeweiligen Abschnitt behandelten Stoffs, wobei deutlich zu unterscheiden ist zwischen dem Thema des Abschnitts und der im Abschnitt selbst vorgenommenen Aussage: Erstgenanntes wird vom Exzerpierenden wiedergegeben; das zweite entspricht den Ausführungen des Autors und wird entsprechend behandelt. Beides – Ausführung des Autors und Wiedergabe durch den Exzerpierenden – muss deutlich voneinander zu unterscheiden sein.
- Zusammenfassung: In der letzten Phase werden die Teilexzerpte zu einem Ganzen zusammengefasst. Dies kann je nach Fertigkeit in kleinen Teilschritten erfolgen oder in einem Arbeitsgang vorgenommen werden.

Als Gewinn aus dem Exzerpieren können eindeutig die als Notizen miteinander zu verbindenden und zu memorierenden Ideen, Gedanken, Einfälle angesehen werden. Einen Text gründlich gelesen zu haben hat eben ganz andere Auswirkungen auf das Erinnerungsvermögen als lediglich das Anfertigen einer (Foto-)Kopie.

F

Fazit → Schlusskapitel

Fettdruck

Zur Hervorhebung eines Wortes oder nur eines Buchstabens wird gerne die Auszeichnung Fettdruck verwendet. Hierbei ist zu bedenken, dass sich die Schriftfarbe gegenüber dem verbleibenden Text markant absetzt, weshalb die Optik gestört sein kann. Deshalb ist immer genau abzuwägen, ob nicht statt des Fettdrucks lieber die → Kursivierung zu wählen ist.

Hauptkapitel dagegen sind durchaus sowohl als Gliederungspunkte wie als Kapitelüberschriften mit Fettdruck auszuzeichnen: Diese Praxis entspricht den akademischen Gepflogenheiten und findet sich mittlerweile in fast allen wissenschaftlichen Publikationen.

!

- Es ist zwar möglich, alle Schriftauszeichnungen miteinander zu kombinieren; man sollte es jedoch unbedingt bei nur einer bewenden lassen: Fettdruck an sich fällt bereits genügend auf und muss weder mit kursiv noch mit Unterstreichung oder womöglich mit einer Schattierung zusammen verwendet werden.
- Längere Zitate sind durch Einzug oder mit An- und Abführungen zu kennzeichnen, jedoch nicht mit Fettdruck zu versehen, zumal ganze Textpassagen in Fettdruck geradezu unangenehm auffallen.

Flattersatz

Im Gegensatz zum → Blocksatz weist der F. keine bündig abschließenden Zeilen auf, sondern ist entweder am rechten oder am linken Seitenrand „ausgefranst“. Bei Zeilen mit bündiger linker Seite und rechts ungleich endenden Zeilen spricht man von linksbündigem Flattersatz, im umgekehrten Fall von einem rechtsbündigen. Zentrierter, also auf Mitte gesetzter Text (z. B. bei Spaltensatz oder bei Gedichtzitaten) gilt ebenfalls als F. Der F. weist gegenüber dem

Blocksatz den großen Vorteil auf, dass die Wort-Zwischenräume gleich groß sind. Dies trägt – unter Berücksichtigung einer entsprechenden Formatierung des Gesamtdokuments – erheblich zur Lesbarkeit und Ästhetik des Satzbildes bei.

Ob eine Abschlussarbeit in Block- oder Flattersatz formatiert wird, hängt oftmals vom Geschmack des Prüfers ab: Es empfiehlt sich, die entsprechende Vorliebe nachzufragen. Wer seinen Prüfer mit einer solchen Bagatelle nicht behelligen möchte, sollte versuchen, einige von diesem Professor zuvor bereits betreute Arbeiten einzusehen und sich nach dem mehrheitlich verwendeten Formalkriterium zu richten.

! Damit bei der Verwendung von F. die offenen Zeilenenden nicht zu große Unterschiede aufweisen, ist die automatische → Silbentrennung zu aktivieren.

Fließtext

Als F. wird der fortlaufende Text in einem größeren Textgefüge wie z. B. einem Buch oder einer Abschlussarbeit bezeichnet: Der F. ist sowohl von der Schriftart als auch von der Schriftgröße her in Grundschrift gehalten, der Schrift also, die vornehmlich im gesamten Werk zur Anwendung kommt. Nicht unter diese Bezeichnung fallen folglich die Binnenüberschriften (= Kapitelüberschriften), eingerückte und in kleinerem Schriftgrad gesetzte Zitate, → Fuß- oder Endnoten.

! Die Bezeichnung F. bezieht sich *ausschließlich* auf formale Aspekte, nicht jedoch auf inhaltliche oder stilistische. So kennzeichnet F. keinesfalls eine einwandfreie Syntax und stellt auch nicht das Gegenteil von z. B. „Telegrammstil" bzw. von Aufzählungen dar.

Florilegie → Blütenlese

Fußnoten

Als F. bezeichnet man die meist in kleinerem Schriftgrad unterhalb des → Fließtextes abgesetzten Notizen. Diese Ausführungen können Literaturnachweise sein, aber auch Erläuterungen, kleinere → Exkurse, Anmerkungen usw. Der Sinn einer F. besteht generell darin, eine Textstelle im Fließtext derselben Seite zu erläutern. Das der arabischen F.ziffer entsprechende Pendant findet sich im Text als → Hochzahl in ebenfalls arabischer Schreibung wieder. Die Behandlung und Verwaltung von F. ist in der → DIN 5008 geregelt.

! Fußnoten spielen vor allem im deutschen Sprachraum eine weltweit bekannte Rolle: So soll es unter der akademischen Leserschaft tatsächlich Wissenschaftler geben, die ein Buch oder einen Aufsatz ausschließlich nach dem Wert, d. h., vor allem nach der Fülle bzw. der Aussagekraft seiner Fußnoten beurteilt. Manche Wissenschaftler gehen sogar so weit, nicht den Fließtext, sondern lediglich die Fußnoten zu studieren. Entsprechend werden dann auch die von solchen Autoren selbst verfassten Texte mit Fußnoten „angereichert": Zwei Drittel einer Buch- oder Zeitschriftenseite sind von Fußnotentext gefüllt; oberhalb davon verliert sich im verbleibenden Drittel der sogenannte „ Fließtext.
Zum Glück gibt es Empfehlungen, die gegen eine solche Praxis sprechen: Der Fußnotentext sollte in einem guten Verhältnis zum Haupttext stehen, was bedeutet, dass zwei Drittel einer Textseite dem Fließtext, und höchstens ein Drittel dem Fußnotentext vorbehalten sind.

G

Geistesblitze

Wer kennt das nicht: Man arbeitet konzentriert, die Ideen sprudeln geradezu, die Gedanken lassen sich ganz wunderbar in Worte fassen; Sätze konstruieren sich wie von selbst – das sind die Momente, wo alles einfach „fließt". Und gerade dann zwängt sich eine Idee dazwischen: ja, gut, wunderbar – bloß nicht vergessen! Wo war man eben noch? Genau. Zum Glück wurde der Flow nicht unterbrochen. Und was war jetzt noch die tolle Idee? Sie hatte etwas mit ... womit denn nur zu tun? Aber keine Chance! Die Idee ist fort, wie ausgelöscht. Und man ärgert sich.

Was aber kann man tun, damit man weder die Idee opfern noch seinen Flow unterbrechen muss? Nun, eine „Unterbrechung" hat ja schon durch den anderen, den neuen Gedanken stattgefunden; es kommt nun nur darauf an, ob man ihn als Feind oder als Freund begrüßt. Mit der oben im Text beschriebenen Vorgehensweise wird dem neuen Gedanken ein negatives Gefühl entgegengebracht, mit dem man dem Unterbewusstsein suggeriert, dass man diese unangenehme Empfindung ausblenden möchte. Geht man jedoch positiv damit um, so erhöht sich die Chance, sowohl die Idee im Kopf zu behalten als auch seinem gerade ablaufenden Gedankengang zu folgen. Da dieser bereits Raum im Denken eingenommen hat und somit tiefer „verankert" ist als die neue Idee, ist das Risiko, den Faden des Gedankengangs zu verlieren, weitaus geringer als die Gefahr, die Idee wieder zu vergessen. Um aber am besten erst gar keine groß angelegten Notiz- und Merkzettel-Aktionen vornehmen zu müssen, die tatsächlich eine Unterbrechung darstellen würden, sollte man sich frühzeitig auf eine solche Situation vorbereiten:

- Im Textverarbeitungsprogramm ist immer ein Dokument geöffnet, wo hinein man eine spontane Idee, einen Ausdruck, einen Gedanken(gang), einen Link u. v. a. m. schreibt oder kopiert.
- Will man Zusammenhänge, die sich aus oder mit einer Idee ergeben haben, protokollieren, so kann mit der Kopierfunktion ein gerade bearbeiteter Textabschnitt zu einem neuen Gedanken in das parallel geöffnete Dokument verschoben werden.

- Zusätzlich zum Paralleldokument kann immer eine geöffnete Kladde mit Stift auf dem Schreibtisch neben dem Rechner liegen. Etwas schnell Hingekritzeltes kostet oftmals noch die wenigste Zeit.
- Selbstklebende Notizzettel sollten ebenfalls griffbereit liegen und können als Memo deutlich sichtbar an eine Pinnwand geheftet werden.
- Schreibutensilien sind überallhin und immer mitzuführen, sodass man im Supermarkt ebenso wie im Bus Notizen anfertigen kann.
- Selbst neben dem Bett sollten Stift und Papier liegen; das Produkt der schlafwandlerischen Genialität ist bei Licht betrachtet zwar manches Mal nicht mehr ganz so exorbitant wie aus dem Traum heraus, aber allein die Sicherheit, Notizen anfertigen zu können, sorgt oftmals für die erforderliche Nachtruhe.
- Die erstellten Notizen müssen in regelmäßigen Abständen nachgearbeitet werden, d. h.: Alle verstreuten Zettel, Haft-Etiketten, Kladden- bzw. Datei-Einträge sind zu sammeln und in den jeweiligen Kontext zu bringen. Da sich die Ideen nicht nur zu einem Thema, sondern zu vielen Bereichen einstellen, muss auch eine regelmäßige bzw. kontinuierliche Aktualisierung = Aufarbeitung solcher Geistesblitze stattfinden. Ob man sich eigens dafür Zeit einräumt, um Ordnung in seine Unterlagen zu bringen, oder ob man die Phase einer evtl. auftretenden „ Schreibblockade nutzen möchte, um über den Sortiervorgang einerseits Abstand vom Schreiben zu gewinnen, sich andererseits aber nicht zu weit vom Thema fortzubewegen, sollte jeder für sich selbst entscheiden.

Gestaltungsvorgaben der Hochschule

Nicht nur jede Hochschule, sondern fast jeder Fachbereich bzw. auch mancher Professor hat mittlerweile für seine Absolventen eine schriftliche Anweisung für das Schreiben von Seminar- und Abschlussarbeiten herausgegeben. Einige dieser Skripte orientieren sich an den → DIN 5008 (Schreib- und Gestaltungsregeln für die Textverarbeitung) sowie an den DIN 1505, Teil 2 (Erstellung bibliografischer Belege); die Mehrheit jedoch generiert hochschuleigene „Empfehlungen" bzw. dokumentiert bestimmte Layout-Vorlieben einer einzelnen Person. Die inhaltlichen Vorgaben entsprechen im Wesentlichen akademischen Standards – was für die spezifischen gestalterischen Anforderungen leider so manches Mal überhaupt nicht zutrifft.

Nun nachzufragen, ob tatsächlich die DIN zugunsten der hauseigenen Regelwerke ignoriert werden sollen, erfordert mehr als nur Fingerspitzengefühl: Es gilt abzuwägen, inwieweit eine solche Frage auf Wohlwollen oder auf Unwillen stößt, und welche Folgen sich daraus für den Absolventen ergeben können. Andererseits ist natürlich auch zu berücksichtigen, dass die Abschlussarbeit möglicherweise von anderen Absolventen als Vorlage herangezogen werden könnte; ob dann noch gewusst ist, dass z. B. Prof. XY eine Vorliebe für eine bestimmte → Schriftart in 10pt-Größe hatte, mag dahingestellt bleiben.

Gliederung → Inhaltsverzeichnis

Glossar

Bei einem G. (aus dem Lateinischen: glossarium = Zunge, Sprache, fremdartiges Wort) handelt es sich – ganz allgemein – um eine Liste von Wörtern mit den zugehörigen Definitionen oder Erklärungen. Die Anordnung kann sowohl 1) alphabetisch als auch 2) chronologisch nach dem Vorkommen im Text oder 3) sachlich geordnet nach Themenfeldern erfolgen. In einem 1) vollständigen „Alphabet der Fachbegriffe“ findet der Leser umgehend den gesuchten Terminus technicus: Alle im Text verwendeten Fachwörter werden alphabetisch sortiert aufgeführt und hinsichtlich ihrer Bedeutung begrifflich-sachlich definiert, was erheblich zum notwendigen und vor allem eindeutigen Verständnis der Lektüre beiträgt.

Die anderen beiden Varianten sind für eine wissenschaftliche Abschlussarbeit nicht zu empfehlen, da trotz der gegebenen Ordnungskriterien dem Leser bei 2) eine zu zeitaufwändige Suche zugemutet wird, und die Variante 3) zumindest ein Grundwissen voraussetzt, um die thematische Einordnung nachvollziehen bzw. vornehmen zu können.

Das G. zählt nicht zum Hauptteil der Arbeit, sondern wird den → Verzeichnissen zugerechnet, ist folglich auch entsprechend zu → paginieren. In Einzelfällen, wenn z. B. sowohl das G. als auch das → Abkürzungsverzeichnis nicht allzu umfangreich ausfallen, können die beiden Verzeichnisse zusammengefügt werden zu einem „Abkürzungsverzeichnis und Glossar“. In diesem Falle sind aber die aufgelösten Abkürzungen, sofern es sich dabei um Fachtermini handelt, ebenfalls zu erläutern (Beispiel: HTML = Hypertext Markup Language = „Sprache", mit der WWW-Dokumente erstellt werden).

- Nicht im G. aufgeführt werden Begriffe, die im Duden nachzuschlagen sowie im Alltag gebräuchlich sind oder sich im Laufe der Zeit entsprechend etabliert haben (Beispiel: Computer).
- Fehler wie Zirkularität, Widersprüchlichkeit und/oder Unklarheit in der Definition sind unbedingt zu vermeiden.

Graue Literatur

Es handelt sich um Literatur, die außerhalb des Buchhandels (ohne ISBN) erscheint: z. B. als Firmenprospekt, Festschrift, Flyer, Vereins- oder Privatdruck, amtliche Druckschrift. Graue Literatur weist oft weder Orts- noch eine Jahresangabe (o. O. bzw. o. J.) auf, was aber keinesfalls einer Zitation im Wege stehen sollte: Denn als so „grau" entpuppt sich manche Kleinschrift dann doch nicht – im Gegenteil: Geradezu exklusiv werden dem Leser Daten und Fakten eröffnet, die andernorts als in (Firmen-)Archiven nicht zu finden sind.

Es liegt auf der Hand, dass die Verzeichnung und Archivierung von grauer Literatur vor allem im Hinblick auf Vollständigkeit ausgesprochen problematisch ist. Umso mehr ist die digitale Erfassung von grauer Literatur zu begrüßen; siehe: www.greynet.org/greysource/index.html (Abruf: 30.05.2009).

Da in kaum einem Arbeitsbuch zum wissenschaftlichen Arbeiten Hilfen für das korrekte Zitieren von grauer Literatur angegeben sind, hier als Beispiel ein Opernprogramm, aus welchem wörtlich zitiert wird: „Unsere Expedition indessen führte nicht in Himmel, Hölle und Purgatorium, sondern in die Gewässer der toten Seelen."

Als Fußnote findet sich zu diesem Zitat entweder die Kurzform:

Claus Guth (2007/08), S. 8.,

oder die ausführlichere Variante mit Angabe von Titel und Untertitel:

Claus Guth: Unterwegs. Gedanken zu Puccinis „Il Trittico", S. 8.

Zu beiden Fußnotenversionen sieht die Angabe im Literaturverzeichnis folgendermaßen aus:

Guth, Claus: Unterwegs. Gedanken zu Puccinis „Il Trittico", in: Il Trittico von Giacomo Puccini. Programmheft der Oper Frankfurt, herausgegeben von Bernd Loebe. Frankfurt am Main 2007/08, S. 8 [ohne ISBN].

Da Orts- wie Jahresangabe und sogar ein Herausgeber in der Originalunterlage genannt sind, gestaltet sich die Referenzierung recht einfach. Bei fehlenden Angaben wird ein entsprechender Vermerk vorgenommen und als Zeichen, dass es sich um eine Hinzufügung handelt, wie [ohne ISBN] in eckige Klammer gesetzt.

Il trittico Giacomo Puccini

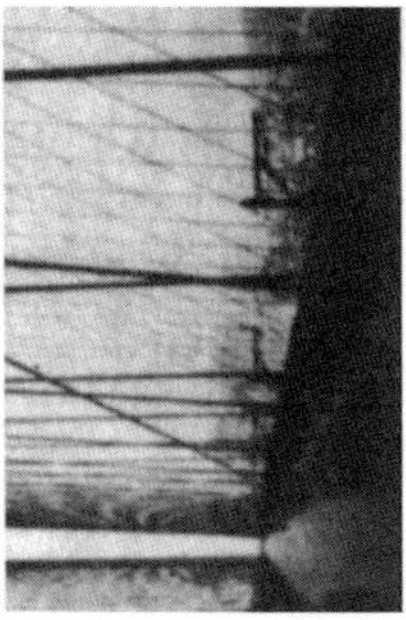

Claus Guth

Unterwegs

Gedanken zu Puccinis *Il trittico*

Il trittico: An der Oberfläche der Einakter, an ihren Handlungsorten und Handlungszeiten, präsentieren sich dem ersten Blick kaum Gemeinsamkeiten. Jedes einzelne Stück des Triptychons bewahrt durchaus seine Unaustauschbarkeit, seine Unverwechselbarkeit.

Mir hat es bei genauerem Hinhorchen gleichwohl keine Ruhe gelassen, die Klammer zu suchen, die die drei Welten zusammenheftet. Es war die Ahnung eines verborgenen Zentrums, eines Fluchtpunktes, der ihnen gemein ist. Bald lag unsere Hauptaufgabe darin, jene versteckten, unterirdischen Kanäle zu suchen, die die Pendelausschläge an der Oberfläche überhaupt erst in Bewegung setzen.

Augenfällig wirkt da zunächst jene seltsame Aura eines eingemauerten

}Oper Frankfurt

Impressum

Literaturnachweise

Die Texte von Claus Guth, Sabine Bergk und Norbert Abels sind Originalbeiträge für dieses Programmbuch. Die Synopsis wurde von Lucy Jonas verfasst.

Samuel Taylor Coleridge, Disput über den Selbstmord, in: Roger Willemsen (Hg.), Der Selbstmord in Berichten, Briefen, Manifesten, Dokumenten und literarischen Texten, München 1986; Else Lasker-Schüler, Gedichte1902-1943, München 1959; Platon, Phaidon, in: Meisterdialoge, Zürich/Stuttgart 1958; Vergil, Aeneis, VI, 295-304, übertragen von Johann Heinrich Voß, Köln 2005; Clemens Höslinger, Puccini, Reinbek bei Hamburg, 1984; Frank Thiess, Puccini. Versuch einer Psychologie seiner Musik, Berlin/Wien/Leipzig 1947; Paul Verlaine, Gedichte, Darmstadt 2000; Wulf Konold, Suor Angelica – eine vermeintliche Klosteridylle, Programmbuch der Hamburgischen Staatsoper 1995; Giuseppe Adami (Hg.), Giacomo Puccini, Briefe des Meisters, Lindau o.J.; Mosco Carner, Puccini, aus dem Engl. von Anna Wheill, hg. von Gerhard Allroggen, Frankfurt am Main/Leipzig 1996; Thomas von Cantimpre zitiert nach: Franz Werfel, Zwischen Oben und Unten. Aus dem Nachlass, hg. von Adolf D. Klarmann, München/Wien 1980; Dieter Schickling, Giacomo Puccini, erw. Neuausgabe Stuttgart 2007; Geh, fang einen Stern, der fällt. Gedichte von John Donne, George Herbert und Andrew Marvell. Zweisprachige Ausgabe, Frankfurt am Main 2001; Kurt Tucholsky, Gesammelte Werke in 10 Bänden, Bd.10, Reinbek bei Hamburg 1975; Cormacy McCarthy, Verlorene, aus dem Amerik. von Hans Wolf, Reinbek bei Hamburg 1994; Jean-Paul Sartre, Das Spiel ist aus, aus dem Frz. von Alfred Dürr, Reinbek bei Hamburg 1952; Albert Camus, Der glückliche Tod, aus dem Frz. von Eva Rechel-Mertens, Reinbek bei Hamburg 1983; William Faulkner, Als ich im Sterben lag, aus dem Amerik. von Albert Hess und Peter Schünemann, Zürich 1973; B. Traven, Das Totenschiff, Frankfurt am Main 1978; Joseph Conrad, Das Herz der Finsternis, aus dem Engl. von Fritz Loch, in: Das Joseph Conrad Buch, Frankfurt am Main 1982; Arthur Schopenhauer, Die Welt als Wille und Vorstellung, Bd. I, in: Sämtliche Werke, nach der ersten, von Julius Frauenstädt besorgten Gesamtausgabe neu bearb. und hg. von Arthur Hübscher, Wiesbaden 1972; Sándor Márai, Wandlungen einer Ehe, München 2003; Ernst Krause, Puccini, Leipzig 1985; Giuseppe Adami, Giacomo Puccini – Ein Künstlerleben, Berlin 1950.

Bildnachweise

Puccini. Nelle Immagini. A cura di Leopoldo Marchetti, Museo Torre del Lago Puccini, 1968; Dieter Schickling, Giacomo Puccini, Stuttgart 2007; Leopoldo Marchetti, Puccini nelle immagini, Mailand 1949; Izis Bidermanas, Paris des rêves, Paris 1950; Claus Rothe, Deutsche Ozean-Passagierschiffe 1919-1935, Moers 1987; Gion Condrau, Der Mensch und sein Tod, Zürich 1991; André Kertesz, Les Instants d'une Vie, Paris 1993; Martin Zlatohlávek, Das jüngste Gericht, Luzern 2001; Marie Bot (Hg.), Miserere, Rotterdam 1984; Stephen Shore, The Nature of Photographs, Berlin 2007; Privatarchiv Christian Schmidt; Archiv der Dramaturgie der Oper Frankfurt; Philip Monk, Stan Douglas, Köln 2006; Richard Ross, Architecture of Authority, New York 2007.

Die Szenenfotos stammen von Monika Rittershaus.

Impressum
Oper Frankfurt 2007/08
Herausgeber **Bernd Loebe**
Redaktion **Norbert Abels**

Redaktionelle Mitarbeit **Solveig Müller**
Mitarbeit **Ursula Ellenberger**
Verlag und Herstellung **Druckerei Imbescheidt**

Städtische Bühnen Frankfurt am Main GmbH · Geschäftsführer Bernd Fülle
Aufsichtsratsvorsitzende Dr. h. c. Petra Roth · HRB 52240

Beispiel: Graue Literatur

H

Hilfefunktion in WORD

WORD weist zwar manche Schwäche auf und verleitet nicht selten zum unchristlichen Fluchen! Gerade wer über seiner Abschlussarbeit brütet und infolgedessen über wenig Zeit verfügt, weiß um die Unwägbarkeiten und Unlogiken, denen das Textverarbeitungsprogramm in vielen Detailbereichen nach wie vor unterliegt.

Umso unverständlicher erscheint es deshalb, dass ein ausgezeichneter Service, den das Programm bietet, so selten bzw. fast gar nicht genutzt wird: die H. Hier findet der Anwender konkrete Hinweise und wird Schritt für Schritt zur Lösung seines formulierten Problems geführt. Zugegeben: Manches dürfte vielleicht etwas weniger umständlich erklärt sein; aber unstrittig ist, dass es auf fast jede Frage eine Antwort gibt. Gekennzeichnet ist dieser freundliche Helfer mit einem Fragezeichen in der Menüleiste.

Hochzahl

Hier gemeint ist die zur → Fußnote zugehörige H., nicht jedoch eine mathematisch hochgestellte Ziffer. Eine solche ist problemlos durch den entsprechenden Befehl im Textverarbeitungsprogramm zu formatieren.

Die der Fuß- oder → Endnote zugeschriebene H. muss vor allem eins: Sie muss im Sinnzusammenhang erscheinen und darf nicht erst etliche Zeilen später angeschlossen werden, wo ein Bezug womöglich nicht mehr gegeben ist. Weiterhin schließt man nur eine H. und somit eine Referenz an, auch wenn sich mehrere Textstellen als Beleg zur vorgenommenen Aussage finden. Will man auf keinen dieser Literaturverweise verzichten, so fügt man nur eine H. an und verweist in der Fußnote auf weitere Quellen mit Hinweisen wie: *Zur Thematik siehe auch …* oder: *Vgl. dazu weiterhin den Hinweis von …*

Bezieht sich ein → Zitat lediglich auf (1) ein Wort, so steht die H. hinter dem Wort, ist (2) ein ganzer Satz gemeint, so wird die H. hinter dem abschließenden Satzzeichen positioniert. Ist der Bezug lediglich (3) zu einem Satzteil gegeben, so wird dies auch durch die Position der H. deutlich gemacht, indem sie vor das den Satz gliedernde Satzzeichen gestellt wird.

Beispiele:

(1) *Offen ist noch die Frage nach dem Verhältnis von Wissenschaft[1] und Kultur[2]*. Hier würden in den Fußnoten [1] und [2] entweder Definitionen zum Begriff gegeben, oder aber je eine Textstelle dazu angeführt.

(2) *Offen ist noch die Frage nach dem Verhältnis von Wissenschaft und Kultur.[1]* In diesem Beispiel bezieht sich die Referenz auf den kompletten Satz, weshalb entweder die Belegstelle in der Fußnote angegeben würde, oder der Autor dieses Satzes eine weiterführende Erläuterung zum Satz gäbe.

(3) *Offen ist noch die Frage nach dem Verhältnis von Wissenschaft und Kultur[1], die aber bereits seit geraumer Zeit den Verdacht eines um sich greifenden Kulturrelativismus aufwirft[2]*. Die H. 1 bezieht sich bei diesem Beispiel auf den bis zum Komma reichenden Hauptsatz, was durch die Position vor dem Komma deutlich wird; die H. 2 bezieht sich ausschließlich auf den darauf folgenden Nebensatz, was durch die Position vor dem abschließenden Satzzeichen kenntlich gemacht ist.

- Gibt es keine zweite H. und damit keine Fußnote 2, sondern lediglich die H. und Fußnote 1 mit Bezug auf den Hauptsatz, so steht die H. 1 hinter dem Komma: *Offen ist noch die Frage nach dem Verhältnis von Wissenschaft und Kultur,[1] die aber bereits seit geraumer Zeit den Verdacht eines um sich greifenden Kulturrelativismus aufwirft.*
- Ist nur eine einzige H. vermerkt, die sich ausschließlich auf den Nebensatz bezieht, so steht sie als H. 1 vor dem Schlusspunkt: *Offen ist noch die Frage nach dem Verhältnis von Wissenschaft und Kultur, die aber bereits seit geraumer Zeit den Verdacht eines um sich greifenden Kulturrelativismus aufwirft[1]*. Dass nun der komplette Satzteil, nicht jedoch das einzelne Wort – aufwirft – gemeint ist, lässt sich allein durch den Zusammenhang erklären.
- Bei nur einer einzigen H., die sich jedoch auf den ganzen Satz bezieht, steht diese H. hinter dem Schlusspunkt: *Offen ist noch die Frage nach dem Verhältnis von Wissenschaft und Kultur, die aber bereits seit geraumer Zeit den Verdacht eines um sich greifenden Kulturrelativismus aufwirft.[1]*

!
- Nach einem Text in Fettdruck oder in kursiver Schrift wird die H. nicht entsprechend ausgezeichnet, sondern erscheint in Grundschrift.
- Wo nicht mehr als ein einziger Fußnotenvermerk erscheint, darf keine H. mit Ziffer aufgeführt werden, da nach der H. 1 die logische H. 2 nicht folgen wird. Stattdessen kann ein benutzerdefiniertes Sternchen als „Hochzahl" genommen werden. Dasselbe Sternchen findet sich auch in der Fußnote.

Hurenkind

Diese Bezeichnung stammt aus dem Druckgewerbe und bezieht sich auf eine Unsauberkeit im Layout: Wenn die letzte Zeile eines Absatzes als erste Zeile auf einer neuen Seite erscheint, spricht man von einem H. Mit einer entsprechenden Absatzformatierung, die in den standardmäßigen Textverarbeitungsprogrammen vorhanden sind („Absatzkontrolle"), lässt sich die Vermeidung von H.n festlegen. Das Pendant zum H. nennt sich → Schusterjunge.

I

Informationskompetenz

I. gilt als Schlüsselqualifikation. Ihre Kernaufgaben liegen
- im Erkennen von Informationsbedarf,

weiterhin darin,
- diesem Bedarf sachgemäß zu entsprechen,

indem
- auf ökonomische Weise gezielte Suchstrategien entwickelt

und
- die notwendigen Informationen beschafft

werden, um diese
- so auszuwerten,

dass
- ein Mehrwert

gegenüber der Ausgangssituation zu verzeichnen ist.

Wer für seine Abschlussarbeit nicht „einfach" → Literaturrecherche betreiben will, sondern seine vorhandene Informationskompetenz unter Beweis stellen möchte, muss ein Mehr an Leistung erbringen, als dies die Suche im OPAC (Online Public Access Catalogue) einer Bibliothek, im → Karlsruher Virtuellen Katalog und im Internet vorsieht.

Dazu sind mehrere Analysen erforderlich, die sich unabhängig von einer dezidierten Aufgabenstellung ergeben:

- Aus der vorliegenden Aufgabenstellung ist ein Bedarf abzuleiten, was bedeutet, dass ein Manko definiert werden muss: Wenn ich etwas benötige, so bedeutet dies, dass ich das, was ich brauche, nicht habe. Um aber konkretisieren zu können, was ich benötige, muss ich zuerst das, was mir fehlt, aus einem Pool vieler unbekannter Größen destillieren und benennen.
- Sobald die Defizite gewusst und benannt sind, muss eine Strategie zur Suche und Nutzung der infrage kommenden Medien entwickelt werden. Im Bereich der → Literaturrecherche stehen mehrere Möglichkeiten zur Verfügung, um Informationslücken zu schließen.
- Dazu müssen die entsprechenden Quellen ausfindig gemacht und optimal genutzt werden. Die erforderlichen Informati-

onen sind entsprechend zeitökonomischer Suchstrategien zu gewinnen, was für eine optimale Informationsgewinnung als Voraussetzung gilt.

- Die erhaltenen Informationen sind auszuwerten und entsprechend dem erhaltenen Erkenntnisgewinn weiter zu verarbeiten. Dabei ist die Ausgangs-Fragestellung zu berücksichtigen, und ihr ist insofern Rechnung zu tragen, als eine effiziente und zufriedenstellende Antwort darauf zu geben ist.

Inhaltsverzeichnis

Das I. übernimmt in einer Examensarbeit die Funktion einer Gliederung und muss eine entsprechend logische Struktur aufweisen. Eine solche wird dadurch gewährleistet, dass grundlegende Themen durch eine Hauptüberschrift, und weiterführende Überlegungen sowie einzelne Gedankengänge durch Zwischenüberschriften dokumentiert werden. I.e, die lediglich die Hauptkapitel oder nur noch eine tiefer gelegene Ebene widerspiegeln, gelten im Kontext des Gesamtgefüges als nicht komplett, auch wenn viele Unterkapitel eher für eine unschöne Optik sorgen. Hinsichtlich eines angenehmen Erscheinungsbildes kann man immer noch ein wenig jonglieren: evtl. den Schriftgrad verkleinern, damit zusammenhängende Kapitel nicht ungünstig auf eine zweite Seite umbrechen; eine gute Positionierung im → Satzspiegel sorgt ebenfalls für ein angenehmes Bild. Die Seitenzahlen, die selbstverständlich mit denen im Textteil übereinstimmen müssen, werden in einem übersichtlichen Abstand zur Überschrift am rechten Seitenrand auf derselben Zeile positioniert. Ob man zwischen Text und Seitenzahl eine punktierte Verbindungslinie zeichnet oder nicht, kann nach persönlichem Geschmack entschieden werden. Die Umsetzung des I.s überlässt man sowieso am besten seinem Textverarbeitungsprogramm, das jede Haupt- und Zwischenüberschrift aus den → Kapitelüberschriften generiert: So vermeidet man Fehler, die vor allem unter Zeitdruck entstehen können, sowie unnötige Abweichungen in der Schreibung. Vor allem können bei einem Generieren aus den Kapitelüberschriften jederzeit eine Aktualisierung der Daten und eine Anpassung der Seitenzahlen vorgenommen werden.

!

- Das Vorwort ist nicht im I. aufzuführen, da es keinen logischen Teil der Arbeit darstellt.
- Es darf kein Gliederungspunkt mit dem Titel der Arbeit identisch sein oder auch nur annähernd damit übereinstimmen, da dies der Logik des Aufbaus widersprechen würde.
- Die Untergliederung von Hauptkapiteln sollte nicht tiefer als bis zur vierten Ebene reichen, da sich sonst in den Ausführungen leicht eine Detailverliebtheit niederschlägt.
- Man sollte sich nicht zu früh auf eine fein strukturierte Gliederung bzw. ein I. festlegen, da man dadurch seine Denkräume unnötig begrenzen würde: Eine Grundstruktur in dem Sinne, dass eine Richtung erkennbar wird, ist auch in einem frühen Arbeitsstadium schon sinnvoll; die Feingliederung sollte jedoch erst zu einem viel späteren Zeitpunkt erfolgen.
- Das I. und damit die Gliederung erst ganz zum Schluss nach Fertigstellung der Arbeit in Angriff zu nehmen ist jedoch auch nicht empfehlenswert, da es schwierig wird, eine Struktur, die sich (oder die man) logisch aufgebaut hat, nachträglich zu begründen.
- Welche Gliederungsform man für sein I. wählt, ist entweder durch die Hochschulbestimmungen oder durch vom Prüfer herausgegebene Richtlinien geregelt. In den meisten Fällen wird die Form der → Dezimalgliederung präferiert.
- Empfehlenswert, da hilfreich, ist die Unterscheidung des Aufbaus nach inhaltlichen und nach formalen Gesichtspunkten; siehe dazu die nachfolgenden Beispiele: „Aufbau Formalstruktur" und „Aufbau inhaltliche Struktur":

Aufbau Formalstruktur

- Deckblatt (Titelblatt)
- Inhaltsverzeichnis (Gliederung)
- Abkürzungsverzeichnis
- Abbildungs-/Tabellenverzeichnis (je nach Vorgabe)
- Glossar (sofern erforderlich)
- Vorwort (eventuell)
- Textteil
  - Einleitung
  - Hauptteil
  - Schluss
- Quellen-/Literaturverzeichnis
- Eidesstattliche Erklärung (je nach Arbeit)
- Anhang/Anhänge

Aufbau inhaltliche Struktur

- Einleitung
  - Aufgaben-/Problemstellung
  - Ziel der Arbeit
  - Methodischer Aufbau bzw. Vorgehensweise
  - Abgrenzung (falls erforderlich)
- Hauptteil
  - Ausführliche Behandlung des Themas
  - Entsprechende, systematische Vorgehensweise
  - Untermauerung von Aussagen, Thesen/Behauptungen durch Belege (Fußnoten; Literaturhinweise, Quellenangaben)
- Schluss
  - Zusammenfassung der wesentlichen Gedanken und Ergebnisse
  - Aufgreifen des anvisierten Ziels aus Einleitung
  - Zielerreichung darlegen oder Gründe benennen, warum das Ziel nicht erreicht wurde/werden konnte
  - Möglicherweise Äußerung von sachlich fundierter Kritik (keine persönliche Meinung!)
  - Ausblick (abhängig vom Thema)

Interpunktion

Die I. als Teilbereich der → Rechtschreibung umfasst alle Satzzeichen (z. B. Punkt, Komma, Semikolon, Frage-, Ausrufezeichen) einer Sprache zur Kennzeichnung von Satzkonstrukten bzw. zur Verdeutlichung von syntaktischen Strukturen: Ein Schlusspunkt z. B. kennzeichnet das Ende eines Satzes und macht damit die Großschreibung zu Beginn des Folgesatzes erforderlich; ein Komma trennt bestimmte Satzelemente voneinander und trägt so zur Strukturierung des vorliegenden Satzgefüges bei. Die *Zeichensetzung* als Erweiterung des Begriffs I. berücksichtigt zusätzlich spezifische Wortzeichen (z. B. diakritische Zeichen wie Akzente, Häkchen oder Kreise) sowie mathematische Zeichen (z. B. Additions-, Subtraktionszeichen).

Vor allem in Bezug auf die Kommasetzung sieht die sogenannte neue Rechtschreibung weitaus moderatere Bestimmung vor als die „alte" Rechtschreibung. Unabhängig davon ist aber immer ein Gespür für die sinnverändernde Folge eines (nicht) gesetzten Kommas erforderlich. Ein Satz wie: *„Ihr Hausfreund Karlheinz und der Ehemann schlugen sich die Köpfe ein"* erhält durch die Setzung eines Kommas eine ganz andere Aussage: *„Ihr Hausfreund, Karlheinz und der Ehemann schlugen sich die Köpfe ein"*.

!

- Wer seine Arbeit in anderer als in deutscher Sprache schreibt, sie jedoch an einer deutschsprachigen Hochschule einreicht, sollte sich an den Interpunktionsregeln des Deutschen orientieren. Dass z. B. die französische Sprache ein Leerzeichen *vor* den Satzzeichen vorsieht, wäre in Frankreich zu berücksichtigen; in Deutschland ist so etwas jedoch nicht vorgesehen. Hier hat das Leerzeichen (Spatium) immer *nach* dem Satzzeichen zu erfolgen.
- Bei großer Unsicherheit hinsichtlich der Interpunktionsregeln sollte ein kompetenter Korrektor die Arbeit vor dem Druck durchsehen, da gehäufte Interpunktionsfehler unabhängig vom Fachgebiet zu Punktabzug führen können. Die Beherrschung von → Rechtschreibung, Grammatik und I. zählen zu den selbstverständlichen → Anforderungen, denen eine wissenschaftliche Abschlussarbeit genügen muss.

K

Kapitälchen

Es handelt sich dabei um eine Schriftauszeichnung wie z. B. auch → Fettdruck und → Kursivierung. K. lassen ein Wort zwar in Groß-/Kleinschreibung erscheinen; dies geschieht jedoch unter ausschließlicher Verwendung von Großbuchstaben: KAPITÄLCHEN. Wie alle Schriftschnitte, so sollte man auch K. ausgesprochen sparsam verwenden. Vor allem innerhalb des → Fließtextes wirken K. (ebenso wie alle anderen Hervorhebungen) in der Häufung störend auf den Lesefluss.

Als sehr sinnvoll haben sich K. jedoch in den → Fußnoten und im → Literaturverzeichnis erwiesen, da man mit diesem Schriftschnitt ein einheitliches und optisch angenehmes Schriftbild vermittelt. Zudem sind, je nachdem, wie man zitiert, die Nachnamen eindeutig von den Vornamen abzugrenzen. *Beispiel: Michael MARTIN [u. a.]: Immunologie. Stuttgart 2009.* Durch die K. ist der Nachname ganz eindeutig vom Vornamen abzugrenzen.

- Die deutsche Sprache sieht den Buchstaben „ß" nicht in Großschreibung vor. Es wurde zwar bereits darüber debattiert, dass das „ß", das nach wie vor nach lang gesprochenem Vokal Verwendung findet, auch als Großbuchstabe zu akzeptieren sei, aber bisher sträuben sich die Sprachästheten dagegen. Folglich sind statt eines ß zweimal „s" zu schreiben, wenn K. verwendet werden sollen. *Beispiel:* Straße >>> Strasse >>> STRASSE.
- K. dürfen nicht kursiviert werden! Das Druckgewerbe sieht eine solche Auszeichnungs-Kombination nicht vor; kursivierte K. gelten als drucktechnische „Todsünde".
- Die Tastenkombination zur Textformatierung mit K. in WORD lautet <Strg>+<Shift>+<Q>.

Kapitelüberschriften

Streng genommen weist eine Abschlussarbeit keine „Kapitel", sondern lediglich „Abschnitte" auf; die Bezeichnung „Kapitel" war lange Zeit den Sinnabschnitten in größeren Druckwerken, wie

z. B. Büchern, vorbehalten. Mittlerweile hat sich der Begriff „Kapitel“ aber ebenso für die Sinnabsätze in wissenschaftlichen Abschlussarbeiten eingebürgert, weshalb wir inzwischen auch hier von K. statt von Abschnittsüberschriften sprechen. Konkret gemeint sind die Binnenüberschriften, also die einem Sinnabschnitt vorangestellten Titeleien innerhalb der Arbeit. Mit dieser Definition wurde auch schon das Wesentliche zum Ausdruck gebracht: Eine Binnenüberschrift soll dem Leser bereits signalisieren und ihn darauf einstimmen, was inhaltlich-textlich folgt; d. h., dass eine Binnenüberschrift ebenso wie der → Titel der gesamten Arbeit einerseits neugierig machen und Interesse wecken soll, andererseits aber keine Banalität darstellen darf.

Gerade der zuletzt genannten Punkt, die Vermeidung von Allgemeinplätzen in Überschriften gleich welcher Art, bereitet oftmals große Schwierigkeiten. Deshalb ist immer wieder zu überlegen, wie tief die Untergliederung eines Hauptpunktes vorgenommen werden soll. Mancher marginale Gliederungspunkt kann oftmals mit einem anderen eher randständigen Thema zusammengefasst werden, wodurch letztlich Gefahren wie einer Detailverliebtheit oder Verzettelung sinnvoll begegnet wird.

Formal ist darauf zu achten, dass die K. immer entsprechend ihrer Hierarchie im jeweiligen Schriftgrad erscheinen, was mit einer Formatvorlage problemlos zu gewährleisten ist. Ebenso lassen sich mit einer Formatvorlage die Abstände vor und nach den einzelnen Binnenüberschriften einheitlich gestalten, was zu einem professionellen Gesamteindruck beiträgt.

Karlsruher Virtueller Katalog

Mit dem KVK (http://www.ubka.uni-karlsruhe.de/kvk.html) hat die Universitätsbibliothek Karlsruhe allen wissenschaftlich Arbeitenden einen großen Gefallen erwiesen, denn dieser Katalog bündelt frei zugänglich die Bestände von Allgemein-/Nationalbibliotheken in Deutschland, Österreich, der Schweiz, von anderen, internationalen Bibliotheken sowie von Buchhandelsverzeichnissen, einer Zeitschriftendatenbank und der weltweit größten bibliografischen Datenbank WorldCat. Um alle angebotenen Möglichkeiten des KVK sinnvoll in Anspruch nehmen zu können, sollte man unbedingt genügend Zeit für eine fachkompetente Schulung durch einen Bibliotheksangestellten aufbringen. Für die Er-

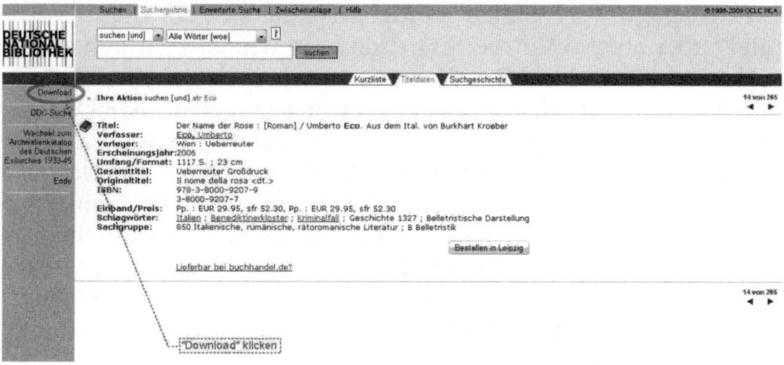

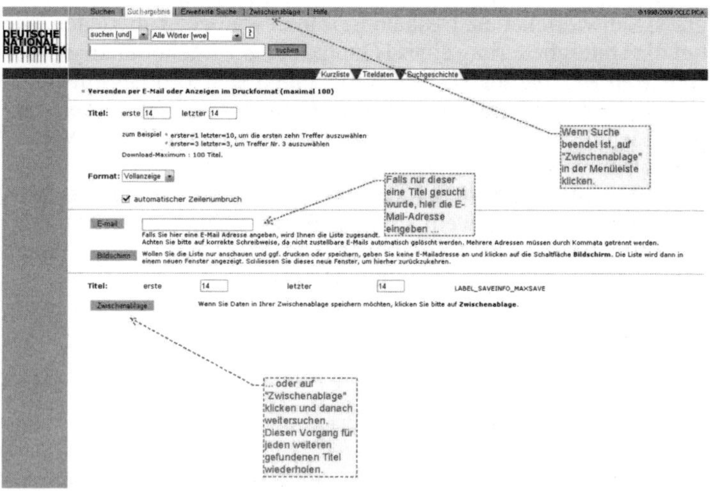

Beispielsuche im OPAC der Deutschen National Bibliothek

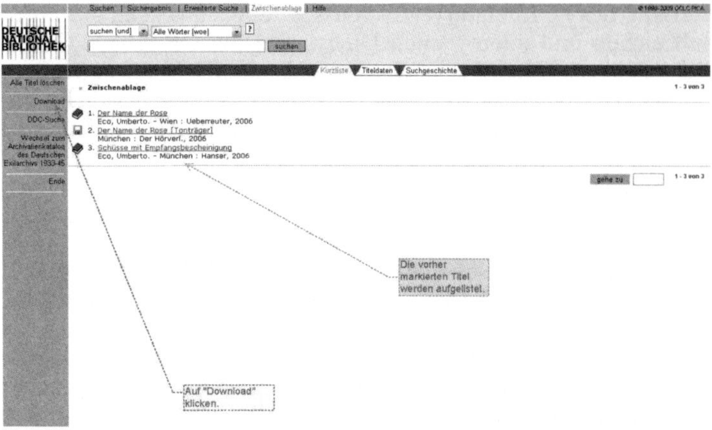
Suchen | Suchergebnis | Erweiterte Suche | Zwischenablage | Hilfe
DEUTSCHE NATIONAL BIBLIOTHEK
suchen [und]
Alle Wörter [woe]
suchen
Kurzliste
Titeldaten
Suchgeschichte
Alle Titel löschen
Download
DDC-Suche
Wechsel zum Archivalienkatalog des Deutschen Exilarchivs 1933-45
Ende
Zwischenablage
1 - 3 von 3
1. Der Name der Rose
Eco, Umberto. - Wien : Ueberreuter, 2006
2. Der Name der Rose [Tonträger]
München : Der Hörverl., 2006
3. Schüsse mit Empfangsbescheinigung
Eco, Umberto. - München : Hanser, 2006
gehe zu
1 - 3 von 3
Die vorher markierten Titel werden aufgelistet.
Auf "Download" klicken.

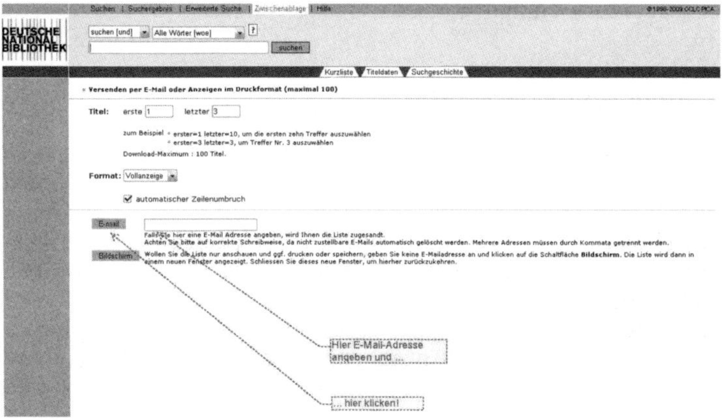
Suchen | Suchergebnis | Erweiterte Suche | Zwischenablage | Hilfe
DEUTSCHE NATIONAL BIBLIOTHEK
suchen [und]
Alle Wörter [woe]
suchen
Kurzliste
Titeldaten
Suchgeschichte
Versenden per E-Mail oder Anzeigen im Druckformat (maximal 100)
Titel: erste 1 letzter 3
zum Beispiel · erster=1 letzter=10, um die ersten zehn Treffer auszuwählen
· erster=3 letzter=3, um Treffer Nr. 3 auszuwählen
Download-Maximum : 100 Titel.
Format: Vollanzeige
automatischer Zeilenumbruch
E-mail
Falls Sie hier eine E-Mail Adresse angeben, wird Ihnen die Liste zugesandt.
Achten Sie bitte auf korrekte Schreibweise, da nicht zustellbare E-Mails automatisch gelöscht werden. Mehrere Adressen müssen durch Kommata getrennt werden.
Bildschirm
Wollen Sie die Liste nur anschauen und ggf. drucken oder speichern, geben Sie keine E-Mailadresse an und klicken auf die Schaltfläche Bildschirm. Die Liste wird dann in einem neuen Fenster angezeigt. Schliessen Sie dieses neue Fenster, um hierher zurückzukehren.
Hier E-Mail-Adresse angeben und ...
... hier klicken!

stellung des → Literaturverzeichnisses sei nachfolgend auf einen hilfreichen und interessanten Dienst, den die OPACs (= Online Public Access Catalogues) leisten und die der KVK abfragt, hingewiesen: Es besteht die Möglichkeit, sich alle recherchierten Literaturangaben zu markieren und via Mail an die eigene Mailadresse zu senden. Die Vorgehensweise wird auf den Seiten 68/69 mithilfe von Screenshots von Suchseiten der Deutschen National Bibliothek beschrieben. Im Beispiel wird nach Werken von Umberto Eco gesucht.

Der Vorteil einer solchen Vorgehensweise liegt auf der Hand: Ohne viel Mühe und Aufwand hat man die benötigten Daten bibliografisch korrekt vorliegen und kann sie ganz komfortabel für das eigene Literaturverzeichnis übernehmen (Die absolut einwandfreien und zu so gut wie 100 % fehlerlosen Titelaufnahmen generieren natürlich die Nationalbibliotheken!). Wer unsicher ist, wie physisch vorliegende, „schwierige" Literatur – z. B. eine Kongressschrift – im Literaturverzeichnis aufzuführen ist, kann z. B. auch einen solchen Titel im KVK nachrecherchieren.

Katalog vs. Bibliografie

Ein K. ist immer ein Standortverzeichnis, d. h., dass die aus einem bestimmten K. ausgewählte Literatur ausschließlich das an diesem oder einem anderen konkreten Standort vorhandene Schrifttum verzeichnet. Wer im K. seiner Hochschule recherchiert, erhält Auskunft darüber, ob der gesuchte Titel von der Hochschule erworben und inventarisiert wurde. (Die Online-K.e, OPACs genannt – Online Public Access Catalogue – geben zudem in den meisten Fällen noch Hinweise über die Anzahl der vorhandenen Exemplare und darüber, ob, und wenn ja, wie lange der gesuchte Titel anderweitig ausgeliehen ist.)

Ein Meta-K. wie z. B. der → Karlsruher Virtuelle Katalog (KVK), hat mittlerweile aufgrund seines Umfangs fast schon den Charakter einer Bibliografie, also eines standortunabhängigen Bücherverzeichnisses; da er jedoch den Bestand von mehreren Bibliotheken widerspiegelt, handelt es sich entsprechend seiner Bezeichnung um einen K.

Eine B. ist ein vom Standort der verzeichneten Literatur unabhängiges Literaturverzeichnis. Man unterscheidet nach der Art des verzeichneten Schrifttums und gemäß dem Anspruch auf Vollständigkeit nach Allgemein- (National-) oder Fachb.n, nach Personenb.n, Epochen- bzw. zeitlich begrenzten B.n, sowie nach B.n., die entsprechend der Art und Weise – alphabetisch, sachlich, chronologisch – verzeichnen. Es gibt weiterhin B.n, die sich auf bestimmte Literaturformen wie z. B. ausschließlich selbstständig oder unselbstständig erschienenes Schrifttum beschränken. Um sich im Dschungel der vielen Verzeichnisse zurechtzufinden, gibt es zum einen Bibliografien der Bibliografie; zum anderen stehen in den Bibliotheken geschulte Fachkräfte – Bibliothekare – den Ratsuchenden zur Seite, um sowohl die K.e zu erläutern und um in die Handhabung wesentlicher B.en und ihrer Erschließungskriterien (Inhalt?; wie angelegt?; mit/ohne Index?; Erscheinungs- bzw. Berichtszeitraum u. v. a. m) einzuführen.

Eine besondere und nicht zu unterschätzende Art von B. sind die sog. „versteckten" B.n, wozu das Literaturverzeichnis in einer Abschlussarbeit ebenso zählt wie das in Büchern vorzufindende Quellenverzeichnis. Die hier aufgeführte Literatur ist spezifisch fachbezogen, je nach Thema hochaktuell, dabei weitestgehend vollständig; sie berücksichtigt sowohl Printmedien als auch Internetquellen, stellt also eine wesentliche Fundgrube für am selben Thema Interessierte dar. Aus diesem Grund empfiehlt sich immer auch ein Blick in die Literaturverzeichnisse des auszuwertenden wissenschaftlichen Apparates.

Kolumne

Der K.titel, kurz K. oder auch Kopfzeile genannt, hat den Zweck, dem Leser eine Orientierungshilfe im vorliegenden schriftlichen Werk zu geben. Aus dieser Anforderung resultiert zweierlei: Erstens macht eine K. nur dann Sinn, wenn es sich um ein umfassendes, komplexes Werk handelt und nicht um z. B. einen kurzen Text von knapp 20 Seiten, bei dem eine Navigationshilfe kaum erforderlich ist. Zweitens ist der Wortlaut der K. so abzufassen, dass der Leser sich tatsächlich bei Bedarf daran zu orientieren vermag.

Man unterscheidet zwischen „lebenden" (= variablen) und „toten" (= gleichbleibenden) K.n, wobei nur die lebende K. für eine wissenschaftliche Abschlussarbeit von Interesse ist: Vorstellbar ist z. B., jeweils aus den Hauptkapiteln die K.titel zu generieren und diesen Text als Kopfzeile auf der jeweils rechten Seite zu positionieren. Die linke Seite ist dem Namen des Autors/der Autorin der schriftlichen Arbeit vorbehalten.

!

- Den Haupttitel der Arbeit als „tote" K. auf jeder rechten Seite aufzuführen ist wenig sinnvoll: Wer nicht weiß, wie die einzelnen Gliederungspunkte der Hauptkapitel zu generieren sind, sollte lieber ganz auf K.n verzichten, als eine solche Banalität anzubieten.
- Wenn sich Texte aus den Gliederungspunkten als „Bandwurm" für den begrenzten Raum der Kopfzeile herausstellen, so sind die sinntragenden Begriffe/Wörter aus dem Kontext zu filtern (was eine Generierung natürlich nicht mehr ermöglicht!). Beispiel: *„Empirische Untersuchung zu Nutzung und Akzeptanz der Volkshochschulen in Bayern" →„Volkshochschulen in Bayern"* wäre als Kolumne vollkommen ausreichend, da alles Weitere aus dem Gliederungspunkt im Text selbst zu entwickelt wäre; der Leser wüsste aber beim Blick auf die Kopfzeile, worum es thematisch geht!

Komparativ

Die deutsche Grammatik sieht eine Steigerung von Adjektiven (= Eigenschafts- oder „Wiewort") und wenigen Adverbien (z. B. oft, selten, gern) in drei Stufen vor, wobei die Komparation (= schöner) *nach dem Positiv* (= schön) und *vor dem → Superlativ* (= am schönsten) die zweite bzw. mittlere Ebene darstellt. Der Begriff Komparation leitet sich aus dem Lateinischen ab: comparare = vergleichen und sagt damit bereits die Notwendigkeit für den Gebrauch aus: den Vergleich nämlich. Es ist folglich nicht damit getan, eine Aussage zu treffen wie: *„Um nach Rom zu gelangen, wählt man besser das Flugzeug",* da hier umgehend die Frage gestellt wird: … besser als …? Der Gebrauch des K. erfordert notwendig den Vergleich, welcher niemals(!) mit „wie" und erst recht nicht(!) mit „als wie", sondern ausschließlich mit „als" angeschlossen wird: *„Um nach Rom zu gelangen, wählt man besser das Flugzeug als die Bahn oder das Auto".*

Ein solcher Vergleich erübrigt sich, wenn er aus dem Kontext ersichtlich wird: *„Sie zogen aufs Land, wo das Leben zwar einfacher war, das Essen aber gesünder".* Dass sich die zweimalige Komparation (einfacher; gesünder) auf den zuvor bewohnten Ort, welcher offenbar nicht ländlich war, bezieht, ist eindeutig. Insofern kann ein Vergleich unterbleiben.

Bei den sogenannten „Absolutadjektiven" ist keine der möglichen Steigerungsformen vorgesehen. Als Absolutadjektive zählen Adjektive wie: leer, voll, einzig, optimal, tot, u. a., deren Wortsinn einen Vergleich generell ausschließt.

Korrektur

Die K. eines Textes bezieht sich auf die Verbesserung von Fehlern der Rechtschreibung (= Orthografie), Grammatik, der → Interpunktion und des → Layout. Da man als Verfasser eines Textes irgendwann erwiesenermaßen die eigenen Fehler übersieht bzw. überliest, sollte man die Arbeit von einer externen, sprachlich sowie grammatikalisch versierten Person K. lesen lassen. Solche K.gänge – empfehlenswert sind mindestens zwei: einmal die K. nach Fertigstellung des Textes, und zum zweiten nach Einarbeitung der K.en vor Drucklegung – sollten unabhängig von noch so leistungsstarken maschinellen K.programmen vorgenommen werden, da solche zwar im Vorfeld schon viele Fehler erkennen und aufzeigen, aber nicht alles an „Unsauberkeiten" zu fassen imstande sind. Ein Satz wie: *„Die Nerven doch!"* würde ebenso wenig moniert wie: *„Hochschulen sind Orte, wo Wissenschaft und Leere Furcht tragen".* Auch bei dem nachfolgend aufgeführten „Spiegel online"-Zitat, welches durch falschen Bezug geradezu zum Schmunzeln verleitet (was wohl kaum beabsichtigt war), kann ein computergestütztes Fehlererkennungsprogramm nichts ausrichten; einem kundigen Korrektor jedoch fällt der Fauxpas umgehend ins Auge: *„Bereits in der Vergangenheit traf sich Michael F. oft mit Frauen auf Friedhöfen, die sich im Internet als Model angeboten hatten, und fotografierte sie dort"* (Spiegel online, 22.01.2009).

Wird die K. eines Textes auf Papier vorgenommen, so sollten im Sinne einer zu gewährleistenden Übersichtlichkeit die im DUDEN und als DIN 16511 festgeschriebenen und im Druckwesen verbindlichen K.zeichen zur Anwendung kommen. Die wichtigsten K. zeichen sind nachfolgend aufgeführt. Wer seine Abschlussarbeit zusätzlich einer sprachlichen, stilistischen sowie inhaltlich-fachlichen Kontrolle unterziehen möchte, sollte ein kompetentes Lektorat in Anspruch nehmen.

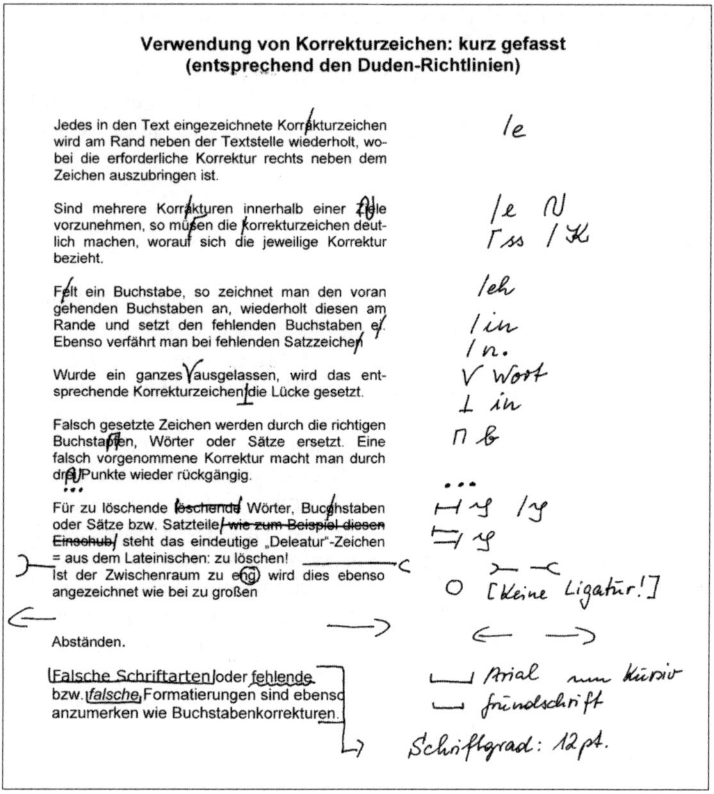

Verwendung von Korrekturzeichen: kurz gefasst (entsprechend den Duden-Richtlinien)

Jedes in den Text eingezeichnete Korrakturzeichen wird am Rand neben der Textstelle wiederholt, wobei die erforderliche Korrektur rechts neben dem Zeichen auszubringen ist.

Sind mehrere Korrakturen innerhalb einer Ziele vorzunehmen, so müßen die korrekturzeichen deutlich machen, worauf sich die jeweilige Korrektur bezieht.

Felt ein Buchstabe, so zeichnet man den voran gehenden Buchstaben an, wiederholt diesen am Rande und setzt den fehlenden Buchstaben e. Ebenso verfährt man bei fehlenden Satzzeichen

Wurde ein ganzes ausgelassen, wird das entsprechende Korrekturzeichen die Lücke gesetzt.

Falsch gesetzte Zeichen werden durch die richtigen Buchstaben, Wörter oder Sätze ersetzt. Eine falsch vorgenommene Korrektur macht man durch drei Punkte wieder rückgängig.

Für zu löschende ~~löschende~~ Wörter, Bucghstaben oder Sätze bzw. Satzteile ~~wie zum Beispiel diesen Einschub~~ steht das eindeutige „Deleatur"-Zeichen = aus dem Lateinischen: zu löschen!
Ist der Zwischenraum zu eng wird dies ebenso angezeichnet wie bei zu großen

Abständen.

Falsche Schriftarten oder fehlende bzw. *falsche* Formatierungen sind ebenso anzumerken wie Buchstabenkorrekturen.

Als K.leser sind professionelle Kräfte auch den liebenswertesten Müttern/Freunden/Verlobten vorzuziehen: Erstens ist man wegen des zu zahlenden Entgelts niemandem bis in Ewigkeit zu Dank verpflichtet; zweitens haben Mütter und andere Nahestehende von Natur aus Skrupel, dem oder der in ihren Augen bereits Überbeanspruchten nun auch noch die entdeckten Fehler zu präsentieren; und drittens haben vereinzelte Verwandte, Bekannte oder Freunde gar nicht die große Lust, an die 100 Seiten oder mehr an Text K. zu lesen, scheuen sich aber, dies deutlich zu artikulieren. So gerät dann die Durchsicht der Arbeit zu einer eher halbherzigen Angelegenheit – wovon der Autor jedoch nichts ahnt und letztlich auch nicht profitiert.

Kursivierung

Die K. kommt als Schriftauszeichnung vor allem deshalb gern zur Anwendung, weil sie mit ihrer Rechtsneigung der Schreibschrift nachempfunden ist. Die Kursive gilt als unauffälliger Schriftschnitt, unaufdringlicher jedenfalls als → Fettdruck und → Unterstreichung. Sie eignet sich besonders für Hervorhebungen im → Fließtext, die im Sinne einer Betonung vorzunehmen sind, ohne dass der Lesefluss unangenehm unterbrochen wird: Es handelt sich hierbei um *eine* Möglichkeit. Mit der K. wird im vorliegenden Beispiel deutlich gemacht, dass „eine" im Kontext als Zahlwort (*eine* von mehreren Möglichkeiten), nicht jedoch als unbestimmter Artikel (ich sehe darin *eine* Möglichkeit zur Verbesserung) verwendet wird. Eine weitere Form dieser Hervorhebung ist bei Einfügung fremdsprachlicher Wörter innerhalb eines Satzes üblich: Sie gab wieder einmal das *enfant terrible* und fiel überall auf.

In den → Fußnoten und im → Literaturverzeichnis werden Titel von → selbstständig erschienenen Publikationen oftmals kursiv gesetzt; es handelt sich dabei zwar um eine verbreitete Gepflogenheit, nicht jedoch um eine Verbindlichkeit oder Norm. Dasselbe gilt für den Bereich der Mathematik, wo Variablen im Formelsatz – als Unterscheidung zu Konstanten und Funktionen – ebenfalls kursiv erscheinen.

!

- → Kapitälchen dürfen *nicht* kursiviert werden; diese Besonderheit geht auf die Frühzeit des Buchdrucks zurück, hat aber bis heute Gültigkeit.
- Für die K. gilt ebenso wie für alle Auszeichnungen und Schriftschnitte: Weniger ist oftmals mehr!
- Wird ein in Klammer gesetzter Text *(wie z. B. dieser hier)* komplett kursiviert, so muss auch die Klammer kursiv ausgezeichnet werden; bei fragmentarischer Kursivierung innerhalb der Klammer (z. B. in *dieser* Form) bleibt die Klammer in Grundschrift.

L

Layout

Bekanntermaßen ist Form ohne Inhalt nichts; aber Inhalt ohne Form ist auch bzw. erst recht nichts. Ob das Interesse und vor allem das Wohlwollen des Prüfers für die eingereichte Arbeit geweckt wird, hängt in erster Linie vom äußeren Erscheinungsbild ab und nicht von den vielleicht herausragenden Inhalten, an die der Leser ja zunächst heranzuführen ist. Dazu bedarf es einer im Wortsinn sympathischen Arbeit: Einband und Deckblatt müssen für einen ersten Eindruck in jeder Hinsicht sauber sein: tadellos in der Gestaltung, perfekt im Erscheinungsbild, fehlerfrei im Druck. Beim Aufschlagen und Durchblättern müssen die Elemente des Innenteils diesen positiven Eindruck verfestigen: Die Verzeichnisse weisen eine umgehend erkennbare Struktur auf, mit einer Formatvorlage wurde deutlich sichtbar eine einheitliche Textgestaltung erreicht; die Verwaltung des Literaturapparates sowie die Aufführung von Anhängen spiegeln eine seriöse Arbeitsweise wider. Diese und anderen Anforderungen stellen keine Besonderheit dar, sondern zählen zu den Standards, denen eine Examensarbeit – zumindest formal – genügen muss.

! Alle gängigen Textverarbeitungsprogramme bieten Formatvorlagen an; wer noch ungeübt ist, findet im Buchhandel oder im Netz Schritt-für-Schritt-Anleitungen zur Erstellung und Anwendung von Formatvorlagen.

LEA → Lesen

Legende

Zeichnungen, Landkarten, Diagramme, Pläne u. Ä. weisen oftmals vor allem Symbole auf, die für sich genommen keine Aussagekraft haben. Erst die zugehörige Erklärung (= L.) des jeweiligen Symbols (oder der Zahlen z. B. bei Diagrammen) bringen Dokument und

Zeichen in einen entsprechenden Kontext bzw. lassen auch Wahrnehmungen, Deutungen, Interpretationen zu, die ohne eine solche Erläuterung nicht möglich wären.

Wer seine Arbeit mit vergleichbaren Auszeichnungen versieht, sollte also unbedingt darauf achten, dass zusätzlich zur Abbildungsunterschrift die erforderliche L. vorzufinden ist.

Lesen

Vor dem → Schreiben ist das Lesen angesiedelt; und diese „Arbeit" stellt für manchen Examenskandidaten bereits eine Qual dar! Das Lesen wissenschaftlicher Texte ist in keiner Weise vergleichbar dem Lesen von Romanen oder anderer Lektüre, der man sich *freiwillig* widmet. Damit ist bereits das erste Handicap beim Lesen wissenschaftlicher Literatur benannt: die Einstellung zum Lesen selbst und zu den „verordneten" Texten. Wer mit einer positiven Grundeinstellung an das Lesen herangeht, kann sicher sein, dass seine Merkfähigkeit steigt. Gerade sie aber zeigt sich als das nächste Problem: Lesen allein bringt ja noch nichts; man muss den Stoff bewerten, gewichten, auswählen oder verwerfen, behalten und verarbeiten! Für beides, das Behalten und die Verarbeitung, ist zunächst das Verständnis des Gelesenen erforderlich: Lesen ist in erster Linie nichts als Input; um zur nächsten Stufe zu gelangen, die als Voraussetzung für den erforderlichen Output anzusehen ist, bedarf es einer „Maschinerie", die eine bestimmte Basis schafft: die Ebene des Verstehens.

Nun ist das Problem, rein theoretisch jedenfalls, erkannt und benannt – allein um wirksame Maßnahmen zu treffen, bedarf es ... kaum mehr als ein paar Tricks!

Lesen ist, ebenso wie Schreiben, ein Prozess und braucht Zeit. Dies ist bei der Arbeitsplanung unbedingt zu berücksichtigen. Wer schon unter Zeitdruck liest und das Gelesene schnell umsetzen will bzw. muss, hat keine guten Karten, zumal manches, was nach einem ersten Lesen nicht deutlich war, nach einer Zeit des Abstands in einem zweiten und dritten Lesen oftmals zuvor nicht erkannte Zusammenhänge aufscheinen lässt. Ein solcher Effekt setzt aber kaum von alleine ein, sondern ist zu erarbeiten: Dazu sollte der Leser das Gelesene – hörbar, also gesprochen – mit eigenen Worten darstellen und als → Exzerpt zusammenfassen. Ein Flipchart, eine Tafel oder etwas Ähnliches bieten sich als Darstellungshelfer an, indem

Schlüsselwörter aus dem gesprochenen Text auf dem Flipchart oder der Tafel in einen Sinnzusammenhang von anderen Schlüsselwörtern gestellt werden. Auf diese Weise bildet der Leser im Aufnotieren die Grundlage für den nächsten Textabschnitt, wobei mnemotechnische Assoziationshilfen einen guten Beitrag zur Merkfähigkeit leisten können.

Um das Gelesene und Verstandene in regelmäßigen Abständen zu memorieren und damit überprüfbar abzurufen, bietet sich die Methode einer Lernkontrolle an. Hierbei hat sich LEA bewährt: Mit LEA lässt sich ein Regelkreis bilden, der vom **L**esen über das **E**rfassen zum **A**uswerten von Literatur führt. Dazu ist jedoch zunächst ein Verständnis hinsichtlich dieses **L**esens, des **E**rfassens und des **A**uswertens erforderlich: Am besten stellt man sich den zu lesenden Text vergleichbar den in einem Kaleidoskop verstreut eingebauten Steinchen vor: Der Blick in das Kaleidoskop eröffnet dem Betrachter zwar ein „Bild“; eine Struktur oder ein Muster sind jedoch – noch! – nicht zu erkennen. Um ein solches Muster zu erhalten, muss das Kaleidoskop (um im Beispiel zu bleiben) nach der ersten Sichtung, nämlich dem Lesen ohne einem tiefer gehenden Anspruch, bewegt werden: Um einen Text im wahrsten Sinn des Wortes zu er-fassen, muss man die Wörter drehen und wenden, die Satz- und Wortgefüge aus verschiedenen Perspektiven und unter allen möglichen Fragestellungen betrachten: Warum wurde etwas so und nicht anders ausgedrückt? Gibt es Besonderheiten wie z. B. Fettdruck, Kursivierungen, Schreibungen, die ins Auge fallen? Oder fällt womöglich überhaupt nichts auf? Aus welchem Grund ist das so? Kann dies beabsichtigt sein? Wenn ja: warum? Was genau könnte damit bezweckt werden? Wie ist das Verhältnis von Haupt- und Nebensätzen? Wie das von Substantiven und Verben? Verwendet der Autor bestimmte Tempusformen? Welche? Was kann damit intendiert sein, usw.

Mit dem Abarbeiten und der Bewertung solcher Fragen bzw. ihrer daraus resultierenden Antworten beginnt sich eine neue Struktur abzuzeichnen, welche die bunten Steinchen im Kaleidoskop zu einem (neuen) Bild zusammensetzt: Die Auswertung des Textes hat begonnen.

! Wichtige Textstellen können beim Lesen umgehend mit Randnotizen versehen werden. Nun bringt es herzlich wenig, sich mit Textmarkern auszutoben; mancher Text hat nach einem intensiven Lesen kaum eine textmarkerfreie Stelle mehr aufzuweisen. Stattdessen bieten sich selbst klebende Notizzettel an (vor allem dann, wenn man nicht Besitzer des Buchs ist), auf denen man umgehend vermerken kann, ob man eine Literaturfundstelle aufgetan hat, ob sich im Text Widersprüche zeigen, ob man den Stein der Weisen gefunden hat. Um Zeit zu sparen, empfiehlt sich die Festlegung von Kurzformen, z. B. R = Redundanz; ? = Unklarheit, muss noch einmal gelesen werden; Lit. = Literaturhinweis usw.

Literaturgattungen

Literatur wird unterschieden nach

- Erscheinungs*art*: selbstständig oder unselbstständig;

und

- Erscheinungs*form*: Grundlagenwerk, Lehrbuch, Fachbuch usw.

Da die Erscheinungs*form* von Literatur mit der Verschlagwortung zumeist im → Katalog mit aufgeführt ist, der Literatursuchende zudem am Regal in der Bibliothek unschwer feststellen kann, ob er sich in der Lehrbuchsammlung befindet oder bei den Nachschlagewerken, kann auf die vertiefende Erörterung dieses Punktes verzichtet werden.

Was aber versteht man unter „selbstständiger" Literatur? Und was genau ist mit der anderen Erscheinungsart „unselbstständig" gemeint?

Als selbstständig wird alle Literatur verstanden, die physisch ebenso wie inhaltlich eine (Medien-)Einheit bildet und nicht in eine andere Publikation „eingebunden" ist: Ein Buch, ganz gleich, ob Monografie (= Werk eines oder mehrerer Autoren zu einem bestimmten Gegenstand, einer Persönlichkeit, einem Thema) oder Sammelband (= ein Werk, das mehrere Einheiten, zumeist Aufsätze, zu einem bestimmten Thema in sich vereint), stellt z. B. immer eine selbstständige Publikationsform dar.

Ein Aufsatz *in* einem solchen Sammelband ist immer eine unselbstständige Publikation, da sie ohne den übergeordneten Verfasser bzw. Titel des Sammelbands nicht zitierfähig = nicht aussagekräftig ist. Zeitungs- und Zeitschriftenaufsätze, Veröffentlichungen in Kongressschriften oder Tagungsbänden gelten als unselbstständige Publikationen: Sie sind unabhängig vom Gesamtwerk, in welchem sie sich befinden, nicht im alphabetischen Bibliothekskatalog zu ermitteln und also nur über Spezialdatenbanken und sonstige Spezialverzeichnisse nachweisbar.

Das Merkmal von unselbstständiger Literatur stellt beim Zitieren das Wörtchen *in* dar, welches bei der Referenzierung die erforderliche Angabe der übergeordneten Publikation folgen lässt. Nachfolgend soll als Beispiel für die Aufführung einer unselbstständigen Publikation im → Literaturverzeichnis ein bestimmter Abschnitt aus einem Aufsatz als Belegstelle angeführt werden:

Janich, Peter: Natur und Alltagsleben, in: Ders.: Alles Natur? Die Wissenschaft zwischen Natur und Kultur, abgedruckt in: Schnädelbach, Herbert/Hastedt, Heiner/Keil, Geert (Hgg.): Was können wir wissen, was sollen wir tun? Zwölf philosophische Antworten. Reinbek bei Hamburg: Rowohlt 2009, ISBN 978-3-499-55704-0, S. 168-189, S. 170-172.

Erläuterung:
Der Autor Peter Janich hat einen in verschiedene Abschnitte unterteilten Aufsatz in einem Sammelband veröffentlicht. Der Aufsatz als Ganzes und in seinen Teilen gilt als unselbstständige, der Sammelband mit allen darin enthaltenen Aufsätzen als selbstständige Publikation. Der Sammelband weist alle relevanten bibliografischen Angaben auf, was für den Aufsatz nicht zutrifft. Folglich muss mit entsprechenden Hinweisen deutlich gemacht werden, wo genau der Aufsatz „verankert“ ist, damit man ihn wiederfinden kann = Prinzip der Nachprüfbarkeit → Anforderung an eine wissenschaftliche Arbeit. Dies geschieht, indem man von der kleinsten Größe (dem zitierten Abschnitt) über die nächst höhere Ebene (den Aufsatz) zur Quelle selbst, dem Buch mit Angabe seines Verfassers oder der Herausgeber sowie des Titels, des Erscheinungsorts, des -jahres und – zur absolut eindeutigen Identifizierung – zur ISBN gelangt.

Nun ist mit all diesen Angaben der Aufsatz von Peter Janich zwar konkret einer selbstständigen Publikation zugeordnet; aber die genaue Fundstelle ist damit immer noch nicht deklariert. Aus diesem Grund sind die Seiten anzugeben, wo sich der Aufsatz im Buch befindet: Mit den ersten Seitenangaben: 168-189 zeigt man den Umfang des ganzen Aufsatzes „Alles Natur?“ an; die zweite im Anschluss vorgenommene Pagina verweist genau auf die Stelle, wo der Abschnitt „Natur und Alltagsleben“ abgedruckt ist: auf den Seiten 170-172.

! Die Zitation von unselbstständiger Literatur ist zugegebenermaßen nicht so ganz einfach; wer sich aber mit seriösen Quellen (z. B. Dissertationen) zum eigenen Thema befasst, schlägt zwei Fliegen mit einer Klappe: Er erhält eine Übersicht über die aktuelle Literatur und kann sich am Literaturverzeichnis orientieren.

Literaturrecherche und -beschaffung

Statt der L. hat sich mittlerweile der Begriff der → Informationskompetenz durchgesetzt, die ein weiteres Spektrum abdeckt als die L. Eine systematische L. setzt bereits bestimmte Kenntnisse und Fähigkeiten voraus, die der Studierende im Laufe seiner Studienzeit erworben haben sollte. Unabhängig von einem vorhandenen Wissen stellt sich die L. immer als zeit- und arbeitsintensiv heraus: Dies ist bei der grundlegenden Zeitplanung zu berücksichtigen.

Bevor man sich in den Kampf stürzt, sollte in jedem Fall das Thema soweit abgegrenzt sein, dass statt einer intuitiv sprunghaften L. ein systematisches Vorgehen möglich ist. Dazu sind

- die Definition der Aufgaben- und Problem- bzw. Fragestellung

und

- die Auswahl und Festlegung bestimmter Suchbegriffe

erforderlich.

Hat man eine Liste von Suchbegriffen zusammengestellt, kann mit der Recherche begonnen werden, wobei nun im Vorfeld festzulegen ist, ob man vom Allgemeinen (Lexika, Enzyklopädien, Fachwörterbücher usw.) zum Speziellen (Monografien, Aufsätze, Kongressschriften, Zeitschriftenartikel usw.) vorgehen möchte, oder ob man ganz gezielt die Fachliteratur inklusive der Dozentenempfehlungen, der Handapparate und Literaturlisten des Fachbereichs durchforstet. Beide Methoden haben sowohl Vor- wie auch Nachteile: Die zuerst genannte weist so gut wie keine aktuelle Literatur auf, da die in den Nachschlagewerken aufgeführten Titel allesamt vor dem Erscheinungsjahr des herangezogenen Werkes bereits auf dem Markt waren; die zweite Variante erzielt eine eher zufallsbedingte denn systematische Ausbeute. Einer solchen im Nachhinein so etwas wie eine Struktur zuzuweisen, stellt eine zusätzliche und damit vermeidbare Arbeit dar.

Natürlich können auch zunächst Recherchehilfen wie Kataloge, Bibliografien, Datenbanken und Indizes beansprucht werden: Die Liste der selbst erstellten Suchbegriffe wird durch die Ergänzung von alternativen Wortschöpfungen alsbald zu einem wertvollen Suchinstrument und führt zu zahlreichen Treffern in den jeweiligen Sachkatalogen. Wichtig bei der Literatursuche ist, nicht auf „gut Glück" vorzugehen, sondern die Methode der → Relevanzprüfung anzuwenden.

Bei der Literatur*beschaffung* sollte darauf geachtet werden, überschaubare Literaturmengen am Arbeitsplatz zu stapeln und keine Bücherberge aufzutürmen: Mehr als ein, höchstens zwei Bücher schafft niemand, parallel zu → lesen. Wer sein Pensum nacheinander abarbeitet, kann auch die wesentlichen Angaben aus der Literatur für sich dokumentieren (siehe dazu → Bücherliste) und zu gegebener Zeit verwenden.

! Auf die vielen verschiedenen Suchstrategien, wie z. B. Freitextsuche, Schlagwortrecherche, die Nutzung des Science Citation Index wird hier ebenso wenig eingegangen wie auf die zahlreichen Beschaffungsarten von Literatur, wie z. B. Fernleihe, Dokumentlieferdienst, Zeitschrifteninhaltsdienste. Solches und anderes Fachwissen vermitteln auf Nachfrage gerne die bibliothekarischen Fachkräfte der Hochschulbibliothek.

Literaturverzeichnis

Entgegen einer weit verbreiteten Meinung, dass im L. lediglich die im Text zitierte Literatur anzuzeigen sei, muss *alle* für die vorliegende Arbeit hinzugezogene Literatur aufgeführt werden, also auch solche, die z. B. zu einem besseren Verständnis eines Sachverhalts beigetragen hat, sich als Zitationsgrundlage jedoch als ungeeignet erwies. Ausnahmen bilden Grundlagenwerke wie z. B. der Rechtschreib-DUDEN oder eine Logarithmentafel.

Das L. nimmt eine wichtige Funktion innerhalb der Arbeit ein: Es spiegelt ebenso den aktuellen Wissensstand des Verfassers der Arbeit wider, wie es Zeugnis ablegt von der Leistung des Autors. Diese (auch) anhand der angegebenen Literatur zu überprüfen, soll das L. den Prüfer befähigen. Insofern ist die Forderung nach Vollständigkeit und Korrektheit des L.s absolut berechtigt. Ein weiterer Anspruch an ein L. besteht in seiner Funktion als Bibliografie (siehe dazu → Katalog): Die je nach Themenspektrum verwendete Literatur entspricht oftmals – vor allem in der vorliegenden systematischen oder alphabetischen Zusammenstellung – dem aktuellsten Stand einer Fachbibliografie, wie sie andernorts in vergleichbarer Form nicht vorliegt. Insofern kann ein L. durchaus ein wertvolles bibliografisches Hilfsmittel für einen interessierten Leser darstellen. Dies ist aber nur dann gewährleistet, wenn nicht auf einseitige Quellen zurückgegriffen wurde: Die

Literatur in gedruckter Form, vor allem bei Zeitschriftenaufsätzen, Kongressschriften, Druckschriften, Grauer Literatur usw. hat mindestens dieselbe Berechtigung, zitiert zu werden und somit in einem L. Platz zu finden wie Online-Quellen. Online-Quellen sind allerdings oftmals nach kurzer Zeit nicht mehr nachweisbar. Damit verliert das L. an Bedeutung und Wert. Print-Medien dagegen sind selbst dann noch in Katalogen oder Bibliografien verzeichnet, wenn sie vergriffen sind und nicht neu aufgelegt werden.

!

- Wie ein L. zu erstellen ist, ist ebenso wie die Regelung der Fußnoten in der DIN 1505-2 verankert. Empfohlen wird, die Literatur getrennt nach Print- und Online-Medien aufzuführen.
- Einheitlichkeit spielt auch im L. eine große Rolle: So sind die Autorennamen entweder immer mit ausgeschriebenem Vornamen oder immer nur mit dem Initial aufzuführen; die Verlagsangabe ist nicht verpflichtend (im Gegensatz zur Angabe des Erscheinungsortes), aber wenn man sie aufführt, dann bei jedem Eintrag. Das Gleiche gilt für die ISBN.
- Die jeweiligen Einträge im L. sind ebenso wie die Fußnoten mit einem Punkt abzuschließen.
- Alle Namen in einem L. werden ohne akademische Titel und ohne Amtsbezeichnungen aufgeführt.

Logo der Hochschule → Corporate Design

Lücke: Mut zur

Manches → Thema stellt sich im Laufe der Bearbeitung als Fass ohne Boden heraus. Wie man sich dreht und wendet, welche Ansätze man auch ausprobiert und in Angriff nimmt: Eigentlich müsste mindestens eine Doktorarbeit verfasst werden; dabei will man zunächst nichts anderes als seinen Bachelor, das Diplom oder den Master schaffen. Was also tun?

Am besten fasst man das Problem konkret in Worte; denn mit vagen Aussagen wie: „Das Thema ist zu umfangreich“ sollte niemand bei seinem Prüfer vorsprechen. Ihm gegenüber ist nach der Problemanalyse darzulegen, worin man selbst die Schwierigkeit sieht und wie man sich eine Lösung vorstellt. Wichtig ist hier, tatsächlich schon einen Vorschlag unterbreiten zu können, dabei aber zugleich Offenheit gegenüber einer Alternative zu demonstrieren. Gemeinsam kann dann erörtert werden, wie weiter vorzugehen ist; ob, und wenn ja, wie das Thema eingegrenzt werden kann, ohne den Kern aus den Augen zu verlieren. Ob notwendigerweise eine Titeländerung mit Meldung beim Prüfungsamt vorgenommen werden muss, wird sich ebenfalls zeigen.

Dieser geschilderte Fall stellt natürlich ein Extrem dar; ein solcherart auftretendes Problem rechtzeitig zu erkennen und ihm zu begegnen, ist hier das Wichtigste. Eine andere Schwierigkeit kann z. B. durch eine Flut von Literatur zu einem Thema entstehen, weshalb der Examenskandidat fast darin zu ertrinken droht. Alles scheint wichtig zu sein – aber alles zu lesen und auszuwerten ist unmöglich. Der Studierende muss also eine Auswahl treffen – genauer: Er muss sich zweimal entscheiden:

- einmal für einen Titel

und

- einmal dagegen (da jede positive Entscheidung auch eine negative impliziert).

In beiden Fällen sollte der Autor schriftlich festhalten, welcher Grund für seine Entscheidung ausschlaggebend war: Aktualität?, eine Rezension?, die Empfehlung des Prüfers? usw. Manchmal ergibt sich durch die Wahl der Literatur – und ebenso durch die Entscheidung, bestimmte Bücher, Texte, Zeitschriftenartikel u. a. *nicht* zu berücksichtigen – die Konzentration auf ein bestimmtes Themenspektrum, wodurch andere Bereiche möglicherweise nicht wie geplant tangiert werden. In einem solchen Fall ist immer im Vorfeld zu überlegen, ob die anvisierte thematische Reduktion in Bezug auf die Gesamtanforderung im Zusammenhang mit der Arbeit zu verantworten ist. Lautet die Antwort eindeutig ja, so ist in jedem Fall in der Arbeit darauf hinzuweisen, dass und aus welchem Grund man sich zu dieser Lücke entschlossen hat. Dies kann in allgemeiner Form geschehen, indem z. B. erwähnt wird, sich ausschließlich auf bestimmte Literatur (z. B.: nicht älter als …) fokussiert zu haben, oder in Bezug auf ein Thema, dass bestimmte Bereiche aus diesen bzw. jenen Gründen ausgespart wurden und somit in der Erörterung keine Berücksichtigung fanden.

Keinesfalls darf man „einfach“ dazu übergehen, nun ausschließlich diesen oder jenen Bereich zu berücksichtigen und einen anderen auszusparen: Der Entschluss kann durchaus richtig und ausgesprochen sinnvoll sein – er muss aber in jedem Fall kommuniziert und begründet werden.

M

Methode

M. bezeichnet ein planmäßiges, zielgerichtetes Vorgehen und damit die Wahl des sinnvollsten und in jeder Hinsicht für den Anwender praktikabelsten Wegs von einem bestimmten Ausgangspunkt bis zum avisierten Ziel.

Es würde zu weit führen, hier nun im Rahmen einer Methodologie die zahlreichen und je spezifischen M.n (hermeneutisch, empirisch, deduktiv, induktiv, einheitswissenschaftlich usw.) vorzustellen; was jedoch als wesentliche Grundlage für die Wahl einer oder auch mehrerer bestimmter M.n gilt, ist die Tatsache, dass im Zusammenhang mit einer zu erstellenden Abschlussarbeit eine solche Entscheidung für diese oder jene M. immer im Kontext mit den jeweiligen Anforderungen gesehen werden muss. Dabei ist zugleich den inhaltlichen und thematischen Voraussetzungen Rechnung zu tragen.

Als eine fast simple, wenngleich ausgesprochen probate M. hat sich die sogenannte „Drei-Schritt-Methode" des „Sehen – Urteilen – Handeln" erwiesen: Sehen bedeutet analysieren; urteilen als zweiter Schritt erfordert eine nach der Analyse vorgenommene Bewertung, und erst dann ist zu entscheiden, was getan werden kann bzw. was zu tun erforderlich ist.

MindMap

Wie das → Clustern stellt auch die Methode des MM eine assoziative Technik dar, bei der die komplexen Fähigkeiten des menschlichen Gehirns optimal genutzt werden. Gegenüber dem Clustern handelt es sich jedoch beim MM um keine Kettenstruktur, die erst durch die Assoziationen gebildet wird, sondern um eine logische Baumstruktur. Das Kern- oder zentrale Thema wird – möglichst konkret formuliert – in die Mitte eines Blatts Papier (im Querformat) positioniert oder, falls eine Formulierung nicht sinnvoll erscheint, skizziert. Von dieser Mitte verzweigen sich die Hauptkapitel, die sich wiederum untergliedern in Unterkapitel, wobei die jeweiligen Abhängigkeiten durch Verbindungsstriche abgebildet werden. Von den Verbindungsstrichen können erneut Linien abzweigen, die weitere Hauptgedanken als Verzweigung aufweisen; ebenso können die Linien Informationen zum jeweils zugehörigen Schlüsselwort abbilden.

Wer mit assoziativen Arbeitstechniken vertraut ist und zu seinem Thema eine symbolorientiert strukturierte MM zu erstellen vermag, kann mit dieser Technik oftmals zu größerer Klarheit bei zu lösenden Problemen gelangen. In jedem Fall stellt eine MM eine gute Alternative zur ihr gegenüber manchmal starren Gliederung dar, da sich die Möglichkeiten zur Erweiterung bei einer MM als weitaus flexibler erweisen. Wer sich ausführlicher mit der von Tony Buzan eingeführten Anwendung des MM befassen möchte, findet unter dem Stichwort zahlreiche Hinweise im Internet.

! Das Internet bietet geeignete Freeware zu MMs an; wer also am Rechner arbeiten möchte, sollte diese Möglichkeit wahrnehmen.

Motivation vs. Demotivation

Eine gesunde (= maßvolle, dabei nicht künstliche oder künstlich erzeugte) M. ist der ausschlaggebende Faktor für das Gelingen einer solchen Arbeit. Natürlich sind gleichermaßen Intelligenz, Know-how, bestimmte Kompetenzen, Organisationstalent und vieles mehr erforderlich; doch erst in Verbindung mit einer vor allem kontinuierlichen M. erweisen sich diese „Arbeitsinstrumente" als geeignete Skills. Nun gibt es bekanntermaßen jedoch mindestens ebenso viele einer M. wenig zuträgliche Faktoren. Hierbei ist zu unterscheiden zwischen *grundlegenden* und *prozessbedingten* Störfeldern.

Als *grundlegender*, sachlicher Demotivationsfaktor kann z. B. ein unangenehmes und/oder ungewolltes → Thema der Arbeit angesehen werden. In einem solchen Fall muss der Absolvent wahrscheinlich eine Wahl zwischen Pest und Cholera treffen, der Entscheidung nämlich, beim vorliegenden Thema zu bleiben oder der Option (sofern eine solche im Rahmen der vorgeschriebenen Fristen noch gegeben ist), um ein neues Thema zu ersuchen. In jedem Fall muss sich der Examenskandidat mit der bestehenden Problematik auseinandersetzen, um im Entdecken und Ausschöpfen aller

Möglichkeiten einen ersten Schritt in Richtung der für ihn erforderlichen M. vorzunehmen. Damit sich in der Folge keine bereits bekannten oder womöglich neuen Demotivationsfaktoren wie z. B. Hadern, Zaudern, Hinausschieben, ausbilden, hat der Absolvent seine einmal getroffene Entscheidung uneingeschränkt zu akzeptieren. Erst mit dem Stadium der Akzeptanz ist ein weiterer Schritt hin zu einer positiven Grundeinstellung = M. getan, was nachträgliche und insofern wenig zielführende Was-wäre-wenn-Fragen kaum bewirken.

Wie sich empirisch gewiss belegen ließe, werden die Motivationshemmer gegenüber motivationsfördernden Faktoren als zahlreicher und oftmals wirkungsvoller empfunden. Nachfolgend sollen lediglich zum Zwecke, dass der „Feind" erkannt wird und somit bekämpft werden kann, die am häufigsten vorkommenden, *grundlegenden,* persönlichen motivationshemmenden Schwierigkeiten beispielhaft Erwähnung finden:

- Schreibschwierigkeiten wie z. B. Legasthenie
- Pathologisch bedingte Lernschwierigkeit
- Stressanfälligkeit
- Mangelndes Selbstvertrauen, einhergehend mit Prüfungsangst
- → „Aufschieberitis" (= Prokrastination)
- …

Für jedes der genannten Probleme gibt es viele Wege und Möglichkeiten zu kompetenter Hilfe, wie eine einfache Suchabfrage im Internet belegt. Erforderlich sind jedoch weniger die richtigen Suchkriterien und entsprechenden Adressen, sondern vielmehr der eigene Wille und Mut zur Veränderung.

Zu den *prozessbedingten* Störfaktoren, die in der Konsequenz das Spektrum von Demotivation bis hin zur Depression umfassen können, zählen solche wie:

- Mangelndes Zeitmanagement

und somit fehlendes

- Lern- bzw. Arbeitsmanagement
- Falsche Prioritäten- und Zielsetzung
- Ausgeprägte Störanfälligkeit bzw. Konzentrationsschwäche
- Mangelnde Organisation bis hin zum

- → Chaos
- Fehlende Übung im Verfassen von Texten bis hin zu
- → Schreibblockaden
- Stressbedingte Vergesslichkeit
- Mangelnde Sachkenntnis
- …

Auch für jedes dieser Probleme gibt es probate Behebungsansätze; solche hier vorzustellen ist aber nicht intendiert, da die Literatur ganze Regalmeter solcher Ratgeber bereithält. Im vorliegenden Buch sind aus Erfahrung gewonnene Empfehlungen in knapper Form jeweils bei einzelnen Stichworten und im Textverlauf ausgeführt; eine solche Empfehlung zu einem „Erfolgsrezept“ zu entwickeln, ist jedoch allein dem Leser überlassen.

Als treffendes Argument für eine durch nichts zu torpedierende M. ist allerdings anzuführen, dass eine solche Abschlussarbeit weder für den Prüfer zu schreiben ist noch für jemanden, dem man etwas „beweisen“ will; nicht, um vielleicht irgendwen zu ärgern und ebenso wenig, um sich bei wem auch immer in ein gutes Licht zu bringen. Eine solche Arbeit schreibt man in erster Linie für sich selbst! Gibt es etwas Motivierenderes als dieses „Für mich“?!

In Anbetracht der vielen Verpflichtungen, denen ein Diplomand, ein Promovend, ein angehender Master unterliegt, und angesichts der zahlreichen „Forderungen“, die an ihn gestellt werden, ist eine solche oder vielleicht auch anders geartete *Selbstmotivation* ohne ein ausgeprägtes Selbstbewusstsein kaum zu leisten. Solches auf- bzw. auszubauen vermögen erwiesenermaßen die folgenden motivationsfördernden Maßnahmen, die wiederum aus *Fremdmotivation* resultieren:

- Wahrnehmen von regelmäßigem Gedankenaustausch
- Möglichkeit zur Gruppenarbeit in Anspruch nehmen
- Teilnahme an Kolloquien
- Feedback erfragen
- Kritik einfordern und sich damit auseinandersetzen.

N

Nachschlagewerke

Was schlägt man wo nach? Die Antwort lautet: ein bestimmtes Stichwort in einem Lexikon, einer Enzyklopädie, in einem Katalog, einem Almanach, einem Glossar, in einer Bibliografie, einem Telefonbuch, einem Adressregister, einem Handbuch ... N. sind folglich Verzeichnisse, die nach einer bestimmten Ordnung – zumeist alphabetisch; vereinzelt systematisch bzw. chronologisch – angelegt sind. Der dort vorzufindende Text ist *nicht* als eine zusammenhängende Einheit vom Anfang bis zum Ende des Werks angelegt, sondern nach Stichworten gegliedert. N. sind ausgezeichnete Hilfsmittel für Erstinformationen: Wer z. B. wissen möchte, was ein bestimmter Ausdruck bedeutet, schlägt den Begriff im entsprechenden Wörterbuch nach. Für eine Sachauskunft ist es angebracht, eine Enzyklopädie hinzuzuziehen, in der, wie in vielen anderen Nachschlagewerken auch, zumeist noch weiterführende Literaturhinweise am Ende eines solchen Stichworts (fachsprachlich: Lemma/im Plural: Lemmata) zu finden sind. N. erscheinen mittlerweile zunehmend weniger in Print-Form, sondern als DVD, CD-ROM bzw. als Online-Medium im Netz. Das beste Beispiel dafür ist → Wikipedia, wo z. B. für jedes der oben angeführten Nachschlagewerke eine → Definition zu finden ist.

! Grundlegende N. wie z. B. der Rechtschreib-DUDEN, eine chemische Formelsammlung wie das Periodensystem, die Logarithmentafel sowie das Who is Who? als Personennachschlagewerk gelten als Basis-Hilfsmittel, die weder in einer Fußnote zitiert noch im Literaturverzeichnis aufzuführen sind. Im Gegenteil: Das Referenzieren solcher Werke gilt als banal.

Namen

Dass auf dem → Deckblatt die Namen der Prüfer und des Korreferenten fehlerfrei und korrekt mit allen akademischen Titel aufzuführen sind, ist unter dem entsprechenden Stichwort nachzulesen. Diese Anforderung fällt jedoch unter den Bereich „Formalaspekte“, denen zwar selbstverständlich zu entsprechen ist; sie fallen jedoch nicht inhaltlich ins Gewicht. Als nicht mehr formale, sondern inhaltliche „Todsünde“ gelten falsch geschriebene Namen, die z. B. im Rahmen des Fachgebiets und vom Kontext her als richtig geschrieben erwartet werden. So erfordert eine wie auch immer geartete Abschlussarbeit z. B. im Fach Germanistik einen Bertolt Brecht (nicht: Bertold), einen Gerhart Hauptmann (nicht Gerhard) und einen Peter Handke (nicht Handtke oder Hantke); die Lofotfischer (nicht: Lotusfischer!) wurden von Johan Bojer (nicht: Johann Boje) geschrieben; und Isolde Ohlbaums (nicht: Ölbaums) bekannter Fotoband trägt den Titel: Denn alle Lust will Ewigkeit (nicht: Denn in der Luft ist Ewigkeit). Diese wenigen Beispiele sind nicht aus der Luft gegriffen, sondern stammen aus dem Schatzkästlein langjähriger Lektoratstätigkeit und ließen sich sogar noch erweitern.

! Wer unsicher ist hinsichtlich einer Namensschreibung, sollte unbedingt ein → Nachschlagewerk hinzuziehen. Dafür muss die Zeit immer reichen; und falls nicht, so kann für solche „niederen Arbeiten“ auch immer einmal ein dienstbarer Geist (z. B. Freund/Freundin) in Anspruch genommen werden: Die „Eidesstattliche Erklärung“ wird davon nicht beeinträchtigt.

Neuerscheinungen (Umgang mit)

Wissenschaft ist immer zuerst Kopfarbeit. Um aber zum Fortschritt beizutragen, ist Kommunikation erforderlich. Ein neues Buch stellt dabei ein wesentliches Medium zur Vernetzung interessierter „Denkteilnehmer“ dar; denn das Schreiben allein gewährleistet noch keinen Fortschritt: Erst wenn die im Buch vorgestellten Innovationen kommuniziert werden, findet wissenschaftlicher Austausch statt, weshalb fachliche N. in gewisser Weise immer auch wegweisend sind – zumindest als Idealvorstellung.

Nun wird der Buchmarkt auch im Bereich der Wissenschaftsliteratur mit N. geradezu überflutet, und es gestaltet sich zunehmend schwierig, hier die Spreu vom Weizen zu trennen. Um überhaupt Kenntnis von relevanten N. zu erlangen, empfiehlt sich zum einen ein regelmäßiger Besuch auf den Homepages von Fachverlagen; der abonnierte Newsletter informiert zudem über aktuelle Novitäten. Man kann sich auch ganz traditionell in die entsprechenden

Printausgaben von Verlagskatalogen (postalisch anzufordern oder im Buchhandel einzusehen) vertiefen und sich dabei speziell auf die dort angezeigten Neuankündigungen konzentrieren. Um hier nun wichtige N. von „Gimmicks“ zu unterscheiden, kann entsprechend den Aspekten der → Relevanzprüfung vorgegangen werden.

!

- Bücher, die noch nicht im Buchhandel erschienen sind, sollten keinesfalls z. B. aufgrund eines „aussagekräftigen“ Titels in das Literaturverzeichnis der Abschlussarbeit aufgenommen werden, auch nicht als Hinweis, dass dieser Titel demnächst erscheinen wird. Ein solches Vorgehen würde dem Anspruch eines Literaturverzeichnisses widersprechen, da dort alle für die Arbeit *verwendete* Literatur aufzuführen ist, was mit einem solchen Blindtitel nicht gegeben ist.
- Zu unterscheiden ist generell zwischen einer tatsächlichen Erst-Erscheinung und einer Neuauflage. Eine Neu*auflage* ist auch mit einer umfangsmäßigen Erweiterung – also mit einer höheren Seitenzahl – nur eine Neu*auflage*, jedoch niemals eine Neu*erscheinung*. Neuauflagen werden im Impressum als solche kenntlich gemacht, was sich z. B. dann so liest: „2., vollständig überarbeitete und erweiterte Auflage“.

O

Organisationsplan „Abschlussarbeit"

Wann immer der Entschluss gefasst wird, einen solchen Plan zu erstellen: Der Zeitpunkt ist weder zu früh noch zu spät, sondern zu jeder Zeit richtig gewählt. In den meisten Fällen greifen vor allem im Chaos Versinkende nach dem Strohhalm einer formalen Richtlinie, dem Rettungsanker einer wie auch immer gearteten Ordnung: Ob man sich daran auch wirklich zu orientieren vermag, sollte allerdings im Vorfeld selbstkritisch überlegt werden; denn wer von Natur aus eher „genialisch" veranlagt ist, wird mit den vorgefertigten Empfehlungen ordnungsliebender Menschen bzw. mit ihrem Strukturdenken leicht überfordert sein und sich eingeengt bis „fremdbestimmt" fühlen. Das daraus konsequenterweise resultierende Ergebnis sind Frustrationen, weil kaum jemand (vor allem in Stresssituationen) gegen seine Natur ankommt und es im Bewusstsein des Betroffenen bei nichts als den Vorsätzen bleibt. Wer aber gerne einer klaren Linie folgt, kann gewiss aus den nachfolgend aufgelisteten Empfehlungen den einen oder anderen Gedanken für sich umsetzen. Wichtig für eine konkrete Aufgabenbestimmung ist hier, ebenso wie beim → Organisationsplan „Alltag", eine Ist-Analyse, aus der sich die einzelnen Bedarfselemente generieren lassen. Um jedem Anspruch gerecht zu werden, wird im Folgenden einmal in kompakter Form ein chronologischer Ablaufplan „Abschlussarbeit" vorgestellt, und zum zweiten eine Liste von Empfehlungen für diejenigen abgebildet, die irgendwo unterwegs im Arbeitsstau steckengeblieben sind.

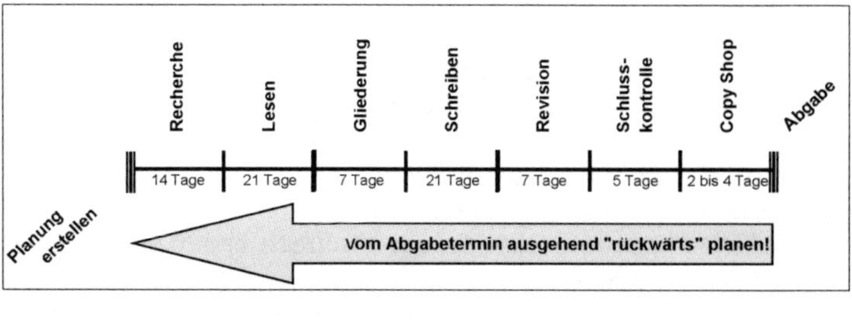

1. Ablaufplan (chronologisch)
   - *Thema*: wird mit dem betreuenden Professor abgesprochen und erörtert
   - *Titel*: der Arbeit wird formuliert
   - *Betreuer* und Korreferent(en): stehen fest
   - *Externe Korrektur* oder externes Lektorat für die Arbeit: Termin vereinbaren
   - *Vorüberlegungen*: sind anzustellen (z. B. hinsichtlich Schwerpunksetzung, möglicher Themenbegrenzungen, evtl. vorzunehmender Exkurse usw.)
   - *Literatur*: a) Recherche, Auswahl, Beschaffung
   - *Literatur*: b) lesen, bewerten, gewichten, auswählen, verwerfen
   - *Grobgliederung*: erstellen
   - *Schreibprozess*: a) beginnen
   - *Sicherheitskopien* der Arbeit: regelmäßige Aktualisierung beginnen
   - *Literatur*: c) im Text verarbeiten und entsprechend bestimmter Vorgaben (Hochschule oder DIN) nachweisen
   - *Gliederung*: verfeinern
   - *Schreibprozess*: b) fortführen
   - *Sicherheitskopien der Arbeit*: regelmäßige Aktualisierung wird fortgeführt
   - *Rücksprachen*: in regelmäßigen Abständen mit Prof. bzw. Betreuer halten
   - *Zwischenbilanz ziehen*: entweder nach Fertigstellung eines Kapitels oder nach einer anderen, möglicherweise selbst definierten Einheit: Entspricht die bisherige Bearbeitung der Themenstellung? Werden die Anforderungen erfüllt? Ist die aktuelle Fachliteratur berücksichtigt? Werden Redundanzen in der Darlegung vermieden? Ist die Arbeit formal einwandfrei?
   - *Gliederung*: festlegen
   - *Schreibprozess*: c) beenden
   - *Verzeichnisse*: generieren
   - *Anhang*: zusammenstellen und ggf. zusätzlich digitalisieren
   - *Schlusskontrolle*: durchführen
   - *Aktualisierung* der Verzeichnisse
   - *Sicherheitskopie der Arbeit*: zweifach erstellen und gesichert ablegen

- *Copy Shop*: dort telefonisch oder bei persönlichem Vorsprechen Termin und Maschine zum Binden und Heißleimen der Arbeit reservieren
- *Externe Korrektur* oder externes Lektorat: erhält die fertige Arbeit zur Durchsicht
- *Revision*: vornehmen nach Vorgaben der externen Korrektur bzw. des externen Lektorats
- *Zweite Revision*: nach erster Revision vornehmen als diagonale Durchsicht
- *Letzte Aktualisierung* der Verzeichnisse
- *Copy Shop*: übernimmt Binden und Leimen der Arbeit
- *Termingerechte Abgabe*: in vorgeschriebener Exemplar-Anzahl – als ausreichend frankiertes und vollständig adressiertes (inkl. Absender!) Einschreiben auf dem Postweg; mit Eingangsbestätigung bei persönlicher Übergabe.

2. Empfehlungen für „Stau-Arbeiter"
Die obige Liste ist natürlich nicht ausschließlich denjenigen vorbehalten, die „nach Plan" vorgehen: Inhaltlich wird auch ein „Stau-Arbeiter" damit etwas anfangen können; er wird vielleicht die Reihenfolge etwas anders vornehmen. Wer sich mit den nun nachfolgenden Tipps, Hinweisen und Fragen auseinandersetzt, sollte in jedem Fall zusätzlich immer wieder einmal ein Auge auf den oben abgebildeten Ablaufplan werfen, um sich zu vergewissern, dass beim nicht ganz so chronologischen Vorgehen kein Punkt vergessen oder übersehen wurde. Das Charakteristikum eines Stau-Arbeiters besteht darin, irgendwann irgendwie nicht mehr richtig voranzukommen. Dann könnten die folgenden Fragen helfen:

- WAS genau fehlt zur Komplettierung der Arbeit? Am besten wird schriftlich festgehalten, welche Kapitel noch gar nicht geschrieben, welche bisher unvollständig, nur noch einmal zu überarbeiten, aber auch, welche bereits fertig sind. Die fertig gestellten sollten notiert und den noch zu schreibenden gegenüber gestellt werden: So erhält man einen ersten Überblick und verschafft sich mit jeder Verschiebung aus der Spalte „unfertig" in die Spalte „fertig" das gute Gefühl eines Erfolgserlebnisses.
- Sobald gewusst ist, WAS noch zu tun ist, wird festgelegt, WANN welche Arbeit in Angriff genommen wird und wie lange man voraussichtlich dafür benötigt. Sofern möglich,

werden kleine Puffer eingebaut, sodass eine einzelne Aufgabe von heute auf morgen verschoben werden kann, ohne dass man selbst in Depressionen verfällt, weil man an einem Tag sein Pensum nicht geschafft hat. Da man weiß, dass man fertig werden *muss*, weiß man auch, nicht getrödelt, sondern sich in der Aufgabenbewältigung verschätzt zu haben.

- Liegen alle Literaturangaben komplett vor oder fehlen noch wichtige Daten? Wenn letzteres zutrifft: welche sind das? Alles, was noch zu eruieren ist, wird notiert. Es wäre fatal, wenn kurz vor Abgabetermin noch ein wichtiger Titel entdeckt würde, der einer ausführlichen Behandlung bedürfte. Noch unangenehmer wäre es natürlich, wenn dieser Titel erst nach der Abgabe ins Blickfeld rücken würde. Um solche Pannen zu vermeiden, bietet sich die Praxis der → Bücherliste an. Unabhängig von solchen Hilfsmitteln ist zu klären, ob jemand aus dem Freundeskreis bei der → Literaturrecherche unterstützend zur Seite stehen kann, oder ob man diese Arbeit alleine leisten muss. Um nicht die geforderte eigenständige Literaturermittlung zu schmälern, kann sich eine solche Hilfe lediglich auf die Standortermittlung und Ausleihe von bereits in Verzeichnissen gefundener Literatur beziehen. Findet sich kein Helfer, so müssen – vor allem bei zeitlichen Engpässen – oftmals Zugeständnisse an die eigene Perfektion gemacht werden: Für Fernleih-Titel reicht die Zeit nicht mehr? Dann wird entweder auf diese Quelle verzichtet oder auf eine Alternative wie Dokumentlieferdienste zurückgegriffen. (Nähere Angaben dazu sind in jeder Bibliothek zu erfragen.)
- Wurden Erkundigungen eingeholt, ob der Copy-Shop, bei dem die Arbeit gebunden werden soll, täglich geöffnet hat und wenn ja, bis wann? Am besten reserviert man sich für den Tag X und, falls möglich, auch noch für einen Tag Y zu einer bestimmten Uhrzeit sowohl einen Kopierer als auch eine Heißleim-Maschine. Es ist zudem in Erfahrung zu bringen, wie lange die gebundenen Exemplare trocknen müssen: Unterschiede von ein bis vier Tagen sind keine Seltenheit!
- Für alle Eventualitäten: Es existieren (mindestens zwei!) Sicherheitskopien (zwei deshalb, weil eine unlesbar oder beschädigt sein könnte!) auf unterschiedlichen Datenträgern von der bis zum aktuellen Status erstellten Arbeit? Diese Sicherheitskopien werden in regelmäßigen Abständen aktu-

alisiert? Es besteht die Möglichkeit, jederzeit und ohne Zeitverlust mit diesen Kopien an einem anderen Rechner weiterarbeiten? Die Druckerpatrone des eigenen Druckers ist randvoll? Die Papiervorräte quellen über? DIN A-4-Umschlage bzw. Versandtaschen zum Verschicken der Arbeit liegen bereit? Der dafür benötigte Portobetrag ist bekannt? Die Briefmarken sind vorrätig? An solchen Banalitäten ist schon manche pünktliche Abgabe einer Arbeit gescheitert – nicht aus dem Grund, weil jemand zu weltfremd, sondern ganz einfach deshalb, weil bis zum letzten Moment Wichtigeres zu klären war.

- Wann war der letzte Kontakt mit dem Betreuer? Sind noch Fragen zu klären oder Absprachen zu treffen? Am besten vereinbart man einen Termin, um eventuell noch vorhandene Unklarheiten zu beseitigen. Bei einer solchen Gelegenheit kann man dem Prüfer auch mitteilen, dass man anschließend in Klausur zu gehen beabsichtigt und vornehmlich über E-Mail erreichbar sein wird.
- Wer seine Arbeit von einem kompetenten Lektor gegenlesen lassen möchte, muss sich rechtzeitig darum bemühen. Am besten klärt man die Modalitäten wie Kosten, Übergabe der Arbeit, Art der Korrektur bzw. des Lektorats – ob auf Papier oder in der Datei – so frühzeitig, dass man sich während des Schreibprozesses damit nicht mehr belasten muss.
- Wer sich in einem sehr engen zeitlichen Rahmen bis zur Abgabefrist sieht, sollte nur noch nach einem konkreten Zeitplan vorgehen und sich innerhalb dieser selbst gesteckten Grenzen auf das absolut Wesentliche beschränken. Dazu ist zunächst zu klären, was bis wann zu erledigen ist. Nach der Bestandsaufnahme muss eine klare Entscheidung getroffen werden: Ist alles zu schaffen oder nicht? Wenn die Antwort negativ ausfällt, so müssen die notwendigen Schritte – und zwar so *früh*zeitig, dass sie *recht*zeitig sind – unternommen werden. Es macht einen besseren Eindruck, in Ruhe und mit nachvollziehbaren Argumenten um Verlängerung zu ersuchen, als dies zum letztmöglichen Termin hektisch vorzunehmen. Räumt man sich selbst die Möglichkeit ein, alles (noch) schaffen zu können, so muss dieser Entscheidung bis in die letzte Konsequenz Rechnung getragen werden. Wie so etwas letztlich umzusetzen ist, kann kaum theoretisch dargelegt werden. Wichtig ist aber auch in sol-

chen Extremsituationen, dass die – wenngleich wahrscheinlich nur noch kleinen – Erfolgserlebnisse nicht ausbleiben: Erledigte Aufgaben abhaken oder durchstreichen zu können, kostet z. B. keine notwendige Zeit, bringt aber einen großen Motivationsschub!

Organisationsplan „Alltag“

Wesentlich ist eine Bestandsaufnahme, genauer, eine Ist-Analyse und daraus resultierend eine Liste der Dinge, die unbedingt zu tun sind, sowie die Überlegung, was davon tatsächlich selbst erledigt werden muss bzw. was problemlos delegiert werden kann. Am besten beginnt man bei den nicht eben unwesentlichen Äußerlichkeiten:

- ○ Die Wohnung/das Zimmer gleicht einer Müllhalde? Wer kann evtl. aufräumen, putzen, spülen, die Wäsche versorgen? Muss man sich selbst kümmern? Wenn ja: wann? ‣ *Zeiten verbindlich festlegen!* Wenn nein: Wer kann was wann tun? ‣ *Notieren!* Wie bzw. mit welcher Arbeit ist die eingesparte Zeit zu nutzen? ‣ *Notieren!*
- ○ Um sich ausschließlich auf die Arbeit konzentrieren zu können, ist ein zumindest minimal geordnetes Umfeld erforderlich. Wer kann unaufdringlich dafür Sorge tragen? Muss man sich selbst kümmern? Wenn ja: Welche Zeiten sind optimal? Wenn nein: Wer kann was wann tun? ‣ *Notieren!*
- ○ Jeder Mensch muss essen und trinken. Wer kann einkaufen und wer die Küche übernehmen? Wer hat Zeit, Kaffee/Tee aufzubrühen, ohne dass eine Arbeitsunterbrechung erforderlich wird. ‣ *Notieren!* (Leider werden durch solche Maßnahmen auch die zu gern wahrgenommenen „Vorwände“, um vom Schreibtisch wegzukommen, stark minimiert!)
- ○ Ruhe und Konzentration sind wichtig. Wer hält einem lästige Anrufer und wohlgemeinte Ablenkungsmanöver vom Hals? Gibt es eine solche gute Fee oder einen hilfreichen Geist im nächsten oder weiteren Umfeld, oder muss man selbst dafür Sorge tragen? ‣ *Notieren!*
- ○ Sechs Stunden Schlaf sind das Minimum pro Nacht! Das setzt einen definierten Zeitpunkt für das Tagesabschlussri-

tual des Zubett-Gehens voraus. ▸ *Einplanen und sich daran halten!*

Am besten wäre es, wenn die Aufgaben des Alltags von ausschließlich einer Person (möglichst unaufdringlich) wahrgenommen werden könnten und nicht viele gutmeinende Helfer viele wunderbare Ratschläge erteilten und nebenher mit irgendwelchen Anmerkungen erheblich zur wachsenden Nervosität betragen würden.

Wer die Aufgaben des Alltags selbst bewältigen muss oder sogar will, muss die dafür notwendigen Zeiten unbedingt bei seiner Abschluss-Arbeitsplanung berücksichtigen. Vor allem Zeitfresser wie Warteschlangen an Supermarkt-Kassen müssen so einkalkuliert werden, dass sie sich nicht nachteilig auswirken: Wer sich z. B. auf Autogenes Training versteht oder andere Techniken des geistigen Abschaltens kennt, kann solche ungeplanten Wartephasen für seine persönliche Erholung und Entspannung nutzen. Grundlegende Voraussetzung dafür ist jedoch, sich nicht über die Verzögerung zu ärgern und nicht unter extremem Zeitdruck zu stehen.

Orthografie → Rechtschreibung

P

Pagina/Paginierung → Seitenzahl

Panik

Ein Charakteristikum der P. besteht darin, dass sie sich zu den ungünstigsten Zeiten einstellt: (1) zu Beginn der Arbeit (wie soll ich das schaffen? Das ist ein unüberwindlicher Berg!); (2) im Verlauf der Arbeit (ich stecke fest! Das ist nicht zu bewerkstelligen! Die Zeit wird zu knapp!); und (3) zum Ende hin, wenn der Abgabetermin immer näher rückt (die Zeit *ist* zu knapp! Das ist alles Mist, was ich geschrieben habe! Ich habe das Thema verfehlt! Ich werde nicht fertig!). Wer nachts schweißgebadet aufwacht oder erst gar nicht mehr schlafen kann bzw. durch die P. im weiteren Handeln blockiert wird, muss ihr konkret begegnen, und zwar am besten mit Vernunft. Dies geschieht sinnvollerweise mit einer Ursachen-Analyse:

(1) Zu Beginn der Arbeit stellt sich schnell das Gefühl ein: Oh Gott! Wie soll ich das schaffen? Um dieses „Wie" (soll ich das schaffen?) für sich selbst zu klären, ist es erforderlich, ein aktuell noch verschwommenes „Was" zu konkretisieren: Was genau ist zu tun? Was wird verlangt bzw. erwartet? Und ebenso wichtig: Was *nicht*? Eine Abschlussarbeit, ganz gleich welchen Genres, besteht aus vielen Teilbereichen, die zunächst als Arbeitseinheiten mit den jeweiligen dafür vorgesehenen Zeiteinheiten gelistet werden können. Die → Literaturrecherche, -sichtung und -auswertung stellt z. B. den *ersten* Arbeitsblock dar, die Grobgliederung und damit die erste Strukturierung der Arbeit einen *zweiten*. Der Schreibprozess als *dritter* Abschnitt mit evtl. notwendigen nachträglichen Recherchen nimmt die meiste Zeit in Anspruch; insofern müssen hier die meisten zeitlichen Puffer eingebaut werden. Im Anschluss an die Schreibphase kann *viertens* die Revision mit dem Umstellen von Textabschnitten, dem Verfassen von neuem Text, sonstigen Erweiterungen oder Streichungen sowie der Verfeinerung aller Verzeichnisse erfolgen. Als *fünfter* und letzter Schritt ist die → Schlusskorrektur vorgesehen, die möglicherweise noch manchen Nachtrag erfordert und deshalb auch mit großzügigen Zeitpuffern auszustat-

ten ist. Nach einer solchen Unterteilung in Aufgabenbereiche ergibt sich statt eines einzigen „Riesengebirges“ ein Fünf-Stufen-Plan, der mit den entsprechenden Zeitzonen versehen durchaus zu bewältigen ist.

(2) „Ich stecke fest“ kann dagegen schon eine mittelschwere P. hervorrufen! Die Ursachenanalyse hat sich hier jedoch ebenfalls bewährt: Wo genau, an welcher Stelle meiner Arbeit, komme ich nicht weiter? Warum ist das so? Hat die Blockade einen *inhaltlichen* Grund, so sollte versucht werden, im Denkprozess bis zum Problem-Ansatz zurück zu gehen, sodass die gedankliche Entwicklung neu aufgerollt werden kann. Da man sich aber aufgrund bereits vorhandener Denkmuster meistens an denselben Stellen wieder verheddert und erfahrungsgemäß folglich genau dort wieder auskommt, wo man bereits war, empfiehlt es sich, diesen Gedankengang nicht alleine, sondern unter Assistenz eines mit der Materie Vertrauten vorzunehmen. Am besten zieht man seinen Betreuer hinzu und bittet um kritisches Gehör bei der Darlegung der eigenen Schlussfolgerungen. Sich selbst sprechen zu hören statt nur den eigenen lautlosen Gedanken zu folgen genügt dabei oftmals, um den „missing link“ aufzudecken.

Eine *sprachliche* Blockade lässt sich leichter beheben als eine inhaltliche: Wer kein Wort mehr zu Papier bringt und folglich einer → Schreibblockade unterliegt, hat vor allem die Möglichkeit der Distanz, um der Blockade zu begegnen. Sollte der Zeitfaktor es nicht gestatten, sich eine Pause einzuräumen, so sind die unter dem Stichwort „Schreibblockade“ empfohlenen Möglichkeiten anzuwenden.

(3) Eindrücke wie „Das ist nicht zu bewerkstelligen“ und „Die Zeit wird zu knapp“ zählen zu den bekannteren P.-Attacken, was einen Betroffenen natürlich kaum beruhigen wird. „Das ist nicht zu bewerkstelligen“ erfordert als erstes die Gegenfrage: Warum nicht? – und unterliegt damit der bereits zuvor erwähnten Ursachenforschung: Welche Gründe liegen für eine solche Aussage vor? Warum ist das (= die Arbeit) nicht zu bewerkstelligen? Liegt es am Thema? Erweist sich dieses plötzlich als zu kompliziert? Zu umfangreich? Zu komplex? Wenn sich zu viele „Zu“ in solchen Sätzen finden, hilft es nur, die Fäden zu entwirren bzw. die Probleme zu benennen, um sie entweder konkret angehen zu können oder – im Extremfall – um ein neues → Thema zu ersuchen.

Oder weiß der Studierende nicht, wie er überhaupt anfangen soll? In solchen Fällen hilft es oft, Kommilitonen bzw. Absolventen zu befragen, sich mit dem Prüfer zu beraten, Ratgeberbücher hinzuziehen oder auch, ein → MindMap zu erstellen. In den meisten Fällen liegt das größte Problem jedoch in einer subjektiv als zu knapp bemessenen Zeit begründet. Da aber die offizielle Abgabe der Arbeit immer nach Absprache zwischen dem Absolventen und dem Dozenten erfolgt, sollte gerade dieses Problem (eigentlich!) keines sein: Wer sich frühzeitig mit seinem Thema beschäftigt, verfügt auch bereits zeitig über entsprechende Untersuchungsergebnisse, Erkenntnisse, Literaturkenntnisse sowie ein umfassendes Know-how – also über „Kompetenzen", die allesamt unabhängig von Fristen in die Arbeit mit einfließen können.

Das „Thema verfehlt" und „Mist" geschrieben zu haben entspricht natürlich einer Alptraumvorstellung. Zum „Trost" sei allen, die sich damit konfrontiert sehen, versichert, dass kaum jemand von dieser Überzeugung verschont bleibt. Möglicherweise handelt es sich sogar um eine wichtige Schutzfunktion – wichtig deshalb, weil dadurch die Arbeit bis zum Schluss kritisch durchleuchtet und hinterfragt wird. Um sich selbst zu vergewissern, dass das Thema *nicht* verfehlt wurde, sollte jedes Hauptkapitel – entweder nur zum Selbstzweck oder aber auch als sinnvolle Zusammenfassung des jeweiligen Abschnitt-Inhalts – entweder mit einem Abstract eröffnet oder mit einem → Resümee beschlossen werden. Diese Form der Zusammenfassung gewährleistet eine gedankliche Struktur, die vor allem Inkonsistenzen ebenso schnell aufzeigt wie Redundanzen. Ein regelmäßiger Kontakt zu bzw. Austausch mit seinem Prüfer dient hier ebenfalls der eigenen Sicherheit. Oftmals genügt es schon, seinem Betreuer die Gliederung oder eine solche gedankliche Zusammenfassung vorzulegen, um zu erfahren, ob man den richtigen Weg eingeschlagen hat.

! Wer gegen Ende der ihm zugebilligten Zeit noch sehr viel zu leistende Arbeit vor sich hat und feststellt, dass er innerhalb des vorgegebenen Rahmens nicht fertig wird, sollte *rechtzeitig* um Verlängerung ersuchen. Offenheit hat sich in solchen Fällen immer bewährt; und ein klares Wort ist allemal besser, als den Kopf in den Sand zu stecken oder familiäre Katastrophen als Begründung für die Verzögerung vorzuschieben. Wer sich seinem Prüfer offen anvertraut und ganz klar dazu steht, dass er eine Zeitzugabe benötigt, kann immer mit dem Wohlwollen seines Mentors rechnen: Voraussetzung ist jedoch, der Wahrheit die Ehre zu geben, weshalb dringend von der plötzlich erkrankten Oma abzuraten ist: Solche oder andere familiären „Katastrophen" sind hinlänglich bekannt und werden allenfalls dem Reich der Fabel zugeschrieben.

Paraphrase → Zitat

Plagiat

Was sollte zu diesem Thema noch Erwähnung finden, das nicht bereits in allen Medien erörtert wurde? Die Zahl der nachgewiesenen P.e hat sich weder durch die mittlerweile zahlreichen Möglichkeiten des Aufdeckens reduziert noch dadurch, dass sowohl die Methoden zur Aufdeckung (http://plagiat.fhtw-berlin.de) als auch die Ahndungen in die Öffentlichkeit getragen werden: (http://www.spiegel.de/unispiegel/studium/0,1518,587265,00.html).

Vielleicht liegt die Häufung von P.en ganz schlicht in der Tatsache begründet, dass die Aufklärung dahingehend, *was* genau eigentlich ein P. *ist*, in der Lehre bisher kaum stattgefunden hat! P. beginnt nicht erst beim Wort-, Satz- oder Absatz-Klau! Das aber meinen offenbar viele Studierenden und gehen flugs daran, ein paar Sätze umzustellen – in der Annahme, diese Arbeit beruhe nun auf ihrer eigenen (oftmals tatsächlich schweißtreibenden) Leistung. Dabei ist auch schon dadurch der Tatbestand des P.s nach § 13 Urheberrechtsgesetz erfüllt, dass keine entsprechende Quelle nachgewiesen, sondern die eigene Urheberschaft vorgeschoben wird. Die Hochschulen reagieren zunehmend empfindlich auf entdeckte P.e und wenden entsprechend ihrer freiwilligen Verpflichtung zur Selbstkontrolle (http://www.hochschulverband.de/cms1/532.html) ausgesprochen rigide Maßnahmen an, indem sie bei der Entdeckung von vorgenommenem P. auch nachträglich den erworbenen akademischen Titel aberkennen und den des P.s Überführten mit einer hohen Geldstrafe belegen.

R

Rechtschreibprüfung

Die in den gängigen Textverarbeitungsprogrammen integrierte R. ist mit Sicherheit kein zuverlässiger Korrektor; wer aber die R. schon einmal vor einer Schlusskorrektur über den Text laufen ließ, wird sich über die erste Ausbeute an Fehlern gewundert haben!

Natürlich muss der Tatsache Rechnung getragen werden, dass Fachtermini und sonstige exotischen Begriffe einem Prüfprogramm nicht geläufig sind; ebenso wenig unterscheidet die R. Bedeutungsunterschiede gleichlautender Wörter oder erkennt den sinnentstellenden Fehler, der bei einem falschen Buchstaben (wie z. B. bei Sicherheitslei*d*faden) oder bei einem Buchstaben mehr oder weniger auftreten kann (es macht einen Unterschied, ob von l*e*ben oder l*ie*ben die Rede, eine Leitungs*sp*anne oder Leitungs*p*anne gemeint ist, und ob *S*aaten oder *St*aaten angeführt werden – Fehler solcher Art erkennt keine R.!). Man sollte sich also keinesfalls ausschließlich auf die R. verlassen. Aber sie erst gar nicht in Anspruch zu nehmen hieße, eine vorhandene Möglichkeit auszuschlagen.

! Manches Textverarbeitungsprogramm lässt die R. standardmäßig mit dem Schreibprozess mitlaufen, wobei jeder Fehler umgehend durch Unterkringelung angezeigt wird. Erfahrungsgemäß stören diese „Mitläufer" die Konzentration. Am besten schaltet man die automatische R. während des Schreibens aus und lässt sie nach Fertigstellung eines Kapitels über den Text laufen: Das verschafft eine weitere Lesekontrolle und bietet gleichzeitig Erholung vom Schreibprozess.

Rechtschreibung

Spagetti oder Spaghetti, selbstständig oder selbständig, bekannt machen oder bekanntmachen? Welche Wörter werden getrennt und welche zusammengeschrieben? Oder etwa zusammen geschrieben?

Seit dem 1. August 2007 gilt die sogenannte „neue" R. als verbindlich. Diese Verbindlichkeit bezieht sich vornehmlich auf den R.-Unterricht an Schulen und die Anwendung auf offizielle Dokumente.

Was sich gegenüber der sogenannten „alten“ R. verändert hat, basiert entweder auf Beschlüssen der Kultusministerkonferenz (KMK) oder auf Empfehlungen des Rats für deutsche Rechtschreibung. Es gibt also nach wie vor Regeln, an die sich der Schreib-Anwender der deutschen Sprache zu halten hat –, aber auch Freiräume, innerhalb derer er die Gestaltung von R. vornehmen kann. Im Endeffekt führt dies dazu, dass kaum jemand mehr genau weiß, was wie richtig = korrekt zu schreiben ist.

Für die R. in einer Examensarbeit sollte in jedem Fall der DUDEN verbindlich sein. Im Falle dass sowohl die neue als auch die alte Schreibung eines Wortes zulässig ist, hat der Anwender die Freiheit der Wahl aus einer von vier Varianten:

- Der DUDEN-Empfehlung folgen: Diese ist bei mehreren zulässigen Schreibungen gesondert gekennzeichnet
- Konservativ: grundsätzlich die alte Schreibung verwenden, wenn sie möglich ist
- Progressiv: grundsätzlich die neue Schreibung verwenden
- Presse: Dies ist die von den Nachrichtenagenturen und vielen Zeitungen verwendete „Kompromissformel“ (Näheres siehe http://www.die-nachrichtenagenturen.de/index.htm); sie ist jedoch für eine Examensarbeit nicht zu empfehlen, da im DUDEN nicht gesondert gekennzeichnet.

Die gewählte Version muss natürlich konsequent durch die gesamte Arbeit durchgehalten werden.

Relevanzprüfung von Literatur

Die R. dient dazu, aus der Fülle der vorhandenen Literatur eine Vorauswahl zu treffen. Dazu bedarf es nach der → Literaturrecherche, die in den meisten Fällen eine kaum mehr überschaubare Liste von Büchern generiert, einer systematischen Vorgehensweise. Die infrage kommenden Titel werden nach bestimmten Kriterien untersucht, wobei die nachfolgend vorgenommene Reihenfolge willkürlich und demzufolge unerheblich ist:

- Autor(en)/Herausgeber : Welches Ansehen genießt er bzw. genießen sie? Dazu können die je eigenen Homepages gesichtet, das „Who is Who?“ befragt und in „Kürschners

Gelehrtenkalender“, der in jeder größeren Bibliothek zu finden ist, nachgeschlagen werden. Dabei ist das Augenmerk vor allem darauf zu richten, als wie seriös der Autor/die Autorin entsprechend einem verbindlichen Wissenschaftsanspruch bewertet wird/werden. Inwiefern der ausgewählte Text analog dem Spezialgebiet und/oder den wissenschaftstheoretischen sowie methodischen Arbeitsschwerpunkten des Verfassers geschrieben ist oder davon abweicht, spielt nur insofern eine Rolle, als das Thema selbst für den Recherchierenden von Relevanz ist. Wesentlich ist in erster Linie die Reputation des Autors.

- Dazu können auch Rezensionen in einschlägigen Publikationsorganen wertvolle Hinweise liefern: Sie geben Aufschluss darüber, ob es sich lohnt, das Buch für die vorzunehmende Arbeit heranzuziehen. Bevor man sich jedoch auf das Urteil von Rezensenten verlässt, ist möglichst auszuschließen, dass es sich bei der vorliegenden Rezension um eine Gefälligkeitsrezension innerhalb eines Rezensionskartells handelt. In einem solchen Falle sollte die Besprechung unbeachtet bleiben. Solche Rezensionskartelle lassen sich schnell aufdecken, indem man die Namen des Buchautors und des Rezensenten des vorliegenden Titels nachrecherchiert: Finden sich auffällig viele Treffer dahingehend, dass auch der Autor die Werke des Rezensenten besprochen hat und wiederum umgekehrt der Rezensent auffällig viele Werke desselben Autors, so kann man den „Wert“ der jeweiligen Rezension schon abschätzen, ohne sie gelesen zu haben.
- Da Buch*titel* fast ausschließlich auf Wirkung ausgelegt sind, sagt der Haupttitel in den seltensten Fällen konkret etwas über den Inhalt aus. Hier ist – sofern gegeben – der Untertitel oftmals aussagekräftiger und sollte unbedingt aufmerksam gelesen sowie in Bezug zum Klappentext gesetzt werden.
- Klappentexte, so vorhanden, geben eine erste Übersicht über den Inhalt eines Buchs, haben aber nicht dieselbe Aussagekraft wie das Inhaltsverzeichnis, da sie vornehmlich dem Zweck der Verkaufsförderung dienen.
- Das Inhaltsverzeichnis gestattet – bis auf wenige Ausnahmen – einen übersichtlichen Einblick in den Textverlauf, zeigt die Struktur auf und vermittelt zusammen mit den anderen → Verzeichnissen, vor allem dem Literaturverzeichnis und dem Register, einen umfassenden Gesamteindruck.

- Das Erscheinungsjahr gibt Aufschluss über die Aktualität des Buchs bzw. kann Rückschlüsse erlauben hinsichtlich der verarbeiteten Erkenntnisse sowie des Forschungsstands.
- Ob es sich beim publizierenden Verlag um einen renommierten Fachverlag handelt, bei dem auch andere angesehene Autoren veröffentlichen, lässt sich schnell ermitteln: Auch hier leistet das Internet gute Dienste.

! Die Urteilsbildung sollte nicht auf „Mundpropaganda" und/oder ausschließlich einem der o. g. Kriterien basieren.

Resümee → Schlusskapitel

Roter Faden

Ob die Arbeit von einem „roten Faden" durchzogen wird und eine Struktur erkennen lässt, spiegelt bereits die Gliederung wider; ebenso wird aber auch deutlich, wenn dieser „rote Faden" fehlt. Da man als Verfasser tief in der Arbeit steckt und gedanklich ständig um eine bestimmte Thematik kreist, ist jedoch meistens der notwendige Abstand nicht gegeben, um festzustellen, dass bzw. wann und wo man den Faden verloren hat, wenn dieser Fall eintritt.

Solange man noch über Umwege zum eigentlichen Ziel gelangt, stellt auch ein → Exkurs kein Problem dar und ist erst recht nicht für den Verlust des „roten Fadens" verantwortlich; im Gegenteil: Mancher Abstecher in ein etwas abgelegenes Gebiet hat schon zu neuen Erkenntnissen und wichtigen Schlussfolgerungen beigetragen. Das thematische Wollknäuel wies in einem solchen Fall genügend Material auf, um auch auf Nebenstraßen ausgerollt zu werden. Wenn aber, um im Bild zu bleiben, der kleine Umweg in eine Sackgasse führt, man erst wieder den Rückweg antreten und sich zunächst orientieren muss, welche Richtung einzuschlagen ist, dann wirkt sich dies im logischen Aufbau der Arbeit auffallend negativ aus: als → Wiederholung oder – fast noch schlimmer – als nicht nachvollziehbarer Gedankensprung. Spätestens dann kann von einem „roten Faden" keine Rede mehr sein. Aus einem solchen Labyrinth hilft nun nur noch die klare Überlegung:

Man geht am besten bis zu der Stelle zurück, wo man begonnen hat, sein Konzept aus den Augen zu verlieren, und nimmt eine deutliche Zäsur vor. Dies bedeutet, dass man alles ab einer bestimmten Stelle als separate Datei abspeichert (damit man nicht Gefahr läuft, den Inhalt doch noch versehentlich zu übernehmen. Man kann den Text auch umgehend vernichten, wenn man weiß, dass weder Formulierungen noch Literaturverweise noch einmal zur Verwendung kommen). Und dann beginnt man ab dieser Zäsurstelle von Neuem zu schreiben. Um nicht in denselben Fehler wie zuvor zu verfallen, wird empfohlen, einen Abstract darüber zu verfassen, was in einem Abschnitt jeweils behandelt werden soll. Dieser Abstract wird mit den vorangegangenen Abschnitten dahingehend abgeglichen, ob inhaltliche, sachliche, formale und strukturelle Bezüge zueinander hergestellt werden können.

Wem die Vorarbeit mit den Abstracts zu mühsam ist, kann auch im Nachhinein feststellen, ob die zuvor erwähnten Relationen gegeben sind: Eine kurze → Zusammenfassung gibt Aufschluss darüber, ob man im gerade fertig gestellten Abschnitt den „roten Faden" weiter ausgerollt hat oder nicht.

! Abstracts als Vorarbeit und Zusammenfassungen als Nacharbeit sind zwar auf den ersten Blick zeitaufwändig; sie haben sich jedoch generell in der Praxis bewährt und sind in jedem Fall als Arbeitshilfen zu empfehlen: nicht nur, um den „roten Faden" wieder aufzunehmen, sondern vor allem, um ihn gar nicht erst zu verlieren.

S

Satzspiegel

Dieser ist üblicherweise durch die Vorgaben der Hochschule festgelegt: Die Seitenränder oben (Kopfsteg), unten (Fußsteg), rechts und links (Bund- oder Außensteg) begrenzen die tatsächliche Nutzfläche eines leeren Blattes. Zur Nutzfläche zählt der Raum, welcher dem → Fließtext sowie allen Erscheinungsformen von Abbildungen vorbehalten ist. → Kolumnen werden ebenso zum S. gerechnet wie Fußnoten; Seitenzahlen dagegen stehen generell außerhalb des S.s.

Wurden keine Vorgaben in Bezug auf den S. gemacht, so ist beim eigenverantwortlichen Einrichten nicht allein auf ausreichenden Seitenabstand der rechten und linken Begrenzungen (für Korrekturen und Anmerkungen des Referenten sowie als ausreichender Steg zum Binden) zu achten, sondern auch darauf, dass die Seite im Ganzen dem Betrachter optisch zusagt. Dies wird vor allem durch eine harmonische Seitenaufteilung gewährleistet, was in der Praxis bedeutet, dass der Kopfsteg in einem guten Verhältnis zum Fußsteg erscheint, man also nicht z. B. am oberen Rand viel Platz lässt und dafür am unteren Seitenrand die Zeilen aneinander quetscht – oder umgekehrt.

! Gerade für die Einrichtung eines S.s bietet sich der Komfort einer Formatvorlage an!

Satzzeichen → Interpunktion

Schlagwort → Stichwort

Schlusskontrolle/ -korrektur

Vor der Übergabe der druckfertigen Arbeit an den Copy-Shop ist eine gründliche Schlusskorrektur vorzunehmen. Dabei ist zu unterscheiden zwischen *formalen* und *inhaltlichen* Aspekten.

Inhaltliche und sprachliche Kontrollen können bereits während der Schreibphase in den Abständen der fertiggestellten Kapitel vorgenommen werden: Die Überprüfung eines Abschnitts auf evtl. vorhandene inhaltliche Längen, den → „roten Faden", auf Anschlüsse von Vor- bzw. Übergänge zu Folgekapiteln, Wortwiederholungen, Füllwörter, korrekte Schreibweisen von Namen usw. stellt oftmals eine angenehme Unterbrechung im Schreibprozess dar und trägt dazu bei, den Kopf wieder frei zu bekommen.

Die Layoutkontrolle als letzter Schritt vor dem Druck dient schließlich der Überprüfung des Gesamtdokuments auf die Entsprechung formaler Anforderungen wie z. B. die einwandfreie Gestaltung des Deckblatts und aller Verzeichnisse, die Einheitlichkeit in der Seitengestaltung, die Berücksichtigung der hochschulinternen Vorgaben usw. Eine erste Hilfestellung, nach welchen Kriterien ein Dokument zu überprüfen ist, bietet z. B. die nachfolgende Checkliste – unterteilt nach formalen- und inhaltlichen Kriterien:

Formal

- ○ Vollständigkeit (ist alles vorhanden: Einleitung / Darlegung der Aufgabenstellung / Hauptteil / Zusammenfassung / Fazit und Ausblick?)
- ○ Gewichtung (stimmt die Verhältnismäßigkeit?)
- ○ Rechtschreibung (einheitlich nach einmal gewählter Version?)
- ○ Grammatik
- ○ Interpunktion
- ○ Gliederung ▸ generiert?
- ○ Logik im Aufbau ▸ roter Faden? Konsistenz in der Gedankenführung?
- ○ Logik des Inhalts ▸ Stringenz in der Darlegung?
- ○ Eloquenz / Satzstruktur ▸ Vermeidung von Füllwörtern (also, dann, nämlich etc.)
- ○ Zitation?
- ○ Fußnoten?
- ○ Literaturverzeichnis ▸ komplett?
- ○ Abkürzungs-/ Abbildungsverzeichnis?
- ○ Anhänge?
- ○ Grafiken?
- ○ Abbildungen?

Inhaltlich

- Ist die eigene Leistung deutlich erkennbar? ▸ Beweis der Fähigkeit zu wissenschaftlichem Arbeiten: systematische, methodische, nachvollziehbare Darlegung des vorhandenen wissenschaftlichen Erkenntnisstandes; Berücksichtigung der aktuellen und relevanten Literatur?
- Vermeidung von „Luft"-Thesen / unbelegbaren bzw. unbewiesenen Behauptungen
- Werden Literaturbelege bzw. -referenzen als solche korrekt aufgeführt?
- Werden Begriffe erläutert bzw. definiert?
- Werden komplexe Zusammenhänge nachvollziehbar dargestellt?
- Wie viel Fachwissen kann/darf/soll als bekannt vorausgesetzt werden?

Sonstiges

- Ist Einheitlichkeit gewährleistet? ▸ Abstände? Kapitelanfänge? Gliederungsebenen? Schreibungen? Abkürzungen? Abbildungen Nummerierung? Beschriftung?
- Sind alle wichtigen Namen korrekt und komplett wiedergegeben? ▸ Kontrolle Deckblatt: Stimmen die Angaben/ Schreibungen/akademischen Titel auf dem Deckblatt?

Schlussteil

Die Lesepraxis mancher Referenten sieht bei Abschlussarbeiten folgendermaßen aus: Inhaltsverzeichnis überfliegen, Einleitung anlesen, evtl. dabei bleiben, den Sch. entweder diagonal oder komplett lesen, Literaturliste anschauen: Urteil darüber bilden, wie ausführlich im weiteren Verlauf die ganze Arbeit gelesen wird.

Für den Verfasser einer Abschlussarbeit bedeutet dies, dass er den Rahmenkapiteln eine besondere Aufmerksamkeit widmen muss, hängt doch von deren Ausführung ab, ob der Prüfer für den Hauptteil mehr als nur ein verpflichtetes Interesse zeigt. Gerade dem Sch. einer solchen Arbeit wird vom Verfasser aber leider oftmals nicht die notwendige Gründlichkeit zuteil, was vornehmlich daran liegt, dass es sich eben „nur" um das Schlusskapitel handelt: Die Zeit bis zur Abgabe drängt sowieso, das Thema selbst wurde bis hierher von allen Seiten betrachtet und erörtert, und der Examenskandidat will jetzt nur noch fertig werden, da er selbst es schon ist. Und genau so lesen sich dann auch manche Schlusskapitel, obwohl gerade für diesen Abschnitt der Arbeit noch einmal alle Kräfte zu mobilisieren wären. Der erste Grund, der dafür spricht, sich genügend Zeit für den Sch. einzuräumen, ist die Tatsache, dass nichts so im Gedächtnis anderer so hängen bleibt, wie „letzte Worte" es tun. Der Idealfall eines letzten Satzes ist der, dass er als „Aufhänger" für einen die vorliegende Arbeit bewerbenden Text genommen werden könnte. Der Idealfall eines gesamten Sch.s sollte sein, dass er dem Leser vermittelt, mit diesem Abschluss ein Ganzes als vollendet erfahren zu haben. Dies ist aber nicht zu erreichen, indem die einzelnen Kapitel der Reihe nach mit ihren jeweiligen Kapitelüberschriften aufgelistet werden. Dies ist auch nicht dadurch gewährleistet, dass man lediglich erwähnt, was Sinn und Zweck der Arbeit war. Solche Banalitäten ziehen das Niveau einer inhaltlich und fachlich hoch angesiedelten thematischen Erörterung unnötig herunter.

Ein guter Sch. zeichnet sich dadurch aus, dass in einer knappen Zusammenfassung die Kernpunkte aus der → Einleitung erneut aufgenommen werden, wobei der Bezug zu den wesentlichen Thesen und Fragen bzw. zur Problemstellung herzustellen ist. In einem → Fazit (auch Resümee), welches als zwar eigenständiger Unterpunkt aufzuführen ist, dabei jedoch auf derselben Hierarchie-Ebene wie die Zusammenfassung bleibt, sind die Ergebnisse, Schlussfolgerungen, evtl. vorzunehmende Vergleiche und Bewertungen anzusiedeln. Ein → Ausblick und eine fachliche Kritik dürfen mit in das Fazit genommen werden, können aber ebenso gut – sofern vom Material ausreichend Diskussionsstoff gegeben ist – als eigenständiger Punkt aufgeführt und entsprechend erörtert werden.

Solcherart gestaltete Sch.e vermitteln eine notwendige Erkenntnis und stehen damit über der Banalität eines gewonnenen Eindrucks, der zudem aus Gründen einer mangelnden Objektivität und damit fehlender Sachlichkeit generell zu meiden ist.

!

- Die Gliederung des Sch.s könnte als fiktiver Punkt 6 folgendermaßen aussehen:
  6 Schlusskapitel
  6.1 Zusammenfassung
  6.2 Fazit (oder Schlussfolgerungen oder Resümee)
  6.3 Ausblick (und Kritik)
- Wesentlich ist, den Abschnittsbegriffen inhaltlich zu entsprechen: Ein Fazit enthält eine Bewertung, geht also inhaltlich über die

Zusammenfassung hinaus, da eine solche zwar die Ergebnisse aus der Arbeit bündelt, jedoch keine Schlussfolgerungen wie das Fazit (auch Resümee) enthält.

- Der Umfang des Sch.s soll zusammen mit der Einleitung nicht mehr als 20 bis 30 % vom Gesamtumfang des Werks betragen – jedoch auch nicht weniger. Es ist in jedem Fall auf eine Symmetrie der Rahmenkapitel zu achten: Ist die Einleitung ausführlich gefasst, so sollte der Sch. im Vergleich dazu nicht extrem knapp ausfallen, nur damit die 20 bis 30 % nicht überschritten werden. Hier ist eine gegenseitige Ausgewogenheit wichtiger als eine prozentuale Umfangsempfehlung.

Schreibblockade (Behebung der)

Was viele bereits als Sch. identifizieren, ist oftmals gar keine! Schreiben ist ein Reifeprozess und braucht deshalb Zeit – viel Zeit. Wer also in den Anfängen seines Schreibens noch ausgiebig auf dem Stift herumkaut und so gar keine Idee hat, unterliegt deshalb noch lange keiner Sch., sondern befindet sich in den Phasen der Planung, der Ideenfindung, des Strukturaufbaus, welche alle noch einer Theoriephase zuzuordnen sind. Damit niemand dort verharrt, wird empfohlen, jeden Gedanken, jede Idee, jedes Wort, das im Kon-Text in den Sinn kommt, aufzunotieren und entweder ein → MindMap daraus zu erstellen oder aber zu diesem Stichwort ein Umfeld aus schriftlich fixierten Gedanken zu bilden. Dies kann in Satzform ebenso vorgenommen werden, wie zunächst auch die Form des Telegrammstils genügt. Wesentlich ist, dass schriftlich formuliert wird! Hier macht Übung wirklich den Meister.

Sitzt man aber irgendwann tatsächlich an seinem Typoskript und weiß weder vor- noch rückwärts, so muss auch unter dem größten Zeitdruck noch keine → Panik ausbrechen: eine Sch. kann behoben werden; sie ist kein unausweichliches Schicksal.

Wer noch über ein überschaubares Zeitkontingent verfügt, sollte sich selbst eine Arbeitsabstinenz verordnen: Abstand schafft immer noch die beste Abhilfe. Am besten schläft man sich wieder einmal richtig aus, treibt eine Runde Sport, lässt sich bei einem Spaziergang den Kopf frei pusten, geht unter Leute, erörtert mindestens *ein* ganz anderes Thema als die Arbeit und kann sich anschließend mit frischen Impulsen wieder an seinen Schreibtisch setzen. Das Problem, welches doch kürzlich erst noch einengte, stellt sich nach einer solchen Unterbrechung häufig als durchaus lösbar heraus: Man hatte sich nur versponnen in seinem eigenen Gedanken-Netz.

Etwas schwieriger, wenngleich immer noch nicht dramatisch, gestaltet sich die Behebung einer Sch., wenn die Zeit drängt. Manchmal stellt sogar gerade der Zeitdruck den Auslöser für eine Sch. dar. Eine Arbeitsabstinenz kommt natürlich überhaupt nicht mehr infrage; und dass man sich festgefahren hat, weiß man sowieso. Nur einen Ausweg aus dem Dilemma findet man nicht, sondern verstrickt sich umso tiefer, je zwanghafter und hektischer man nach einer Lösung sucht. Hier hilft nur noch Selbstüberlistung: Statt geschrieben wird nun gelesen. Da sowieso noch eine Schlusskorrektur der Arbeit vorzunehmen ist, wird auf diese Weise auch keine Zeit vertan bzw. „verloren“. Um aber einem inhaltlichen Lesen, welches aktuell nicht sinnvoll ist (da es die Sch. möglicherweise vertiefen könnte) ebenso vorzubeugen wie einem Überfliegen des Textes, wird eine bestimmte Aufgabe mit dem Lesen verbunden – z. B. dergestalt, dass alle Füllwörter anzustreichen sind: „also“, „eigentlich“, „geradezu“ „gänzlich“, „im Prinzip“, „letztendlich“, „quasi“, „sowieso“, „überhaupt“, „wohl“, „ziemlich“ – um nur einige wenige anzuführen. Sind diese Wörter im Typoskript markiert, muss der Text füllwörterfrei – am besten laut – gelesen werden:

- Ergibt er so noch den Sinn, den man bezweckte?
- Oder sind die ausgestrichenen Wörter, zumindest im Einzelfall, doch von Zusammenhang bildender Bedeutung?
- Wie verändert sich die Satzstruktur durch die Streichung der Wörter?
- Bleibt die Aussage an sich erhalten? Oder muss umformuliert werden?
- Hat der Text eine Straffung erfahren? Wenn ja: zum Besseren hin oder nicht?

Da durch eine solche Vorgehensweise in jedem Fall die eine oder andere Umformulierung erforderlich wird, befindet man sich – heureka – wieder im Schreibprozess. Und wer schreibt, kann logischerweise keiner Sch. unterliegen.

!

- Es müssen nicht unbedingt Füllwörter ausgemerzt werden; denkbar ist auch, bestimmte Satzkonstrukte zu untersuchen: auf Eindeutigkeit in der Aussage, auf Satzanfänge, auf die Anzahl nur aus Hauptsätzen bestehender Sätze usw. Wichtig ist, dass ein vom Schreiben ablenkendes Lesen stattfindet, welches jedoch in der Folge (durch Korrektur) ein Schreiben wieder erfordert.

- Wer feststellt, dass die Sch. aus mangelnder Fachkenntnis resultiert, sollte um eine Verlängerung bei seinem Prüfer ersuchen: Ohne fundiertes Wissen gerät eine solche Examensarbeit zu einer frustrierenden Angelegenheit: frustrierend für denjenigen, der sich notgedrungen auf Halbheiten einlassen muss; frustrierend aber auch für den Prüfer, der eine solche Arbeit lesen und bewerten soll.

Schreiben (wissenschaftlicher Texte)

Nicht jeder ist zum Schriftsteller oder Fachbuchautor geboren. Wer also eher selten schreibt, hat meistens schon einige Probleme damit, sich auf die Schriftsprache einzulassen und Sachverhalte so darzulegen, dass sie verständlich sind, dabei aber weder umgangssprachlich noch geschraubt klingen. Zudem ist die Konzentration des Schreibenden in erster Linie auf den Inhalt dessen, was er be-schreiben will, ausgerichtet. Stil, Wortwahl und Wortschatz spielen dabei zunächst eine eher untergeordnete Rolle. Dass bei einer solchen Vorgehensweise Rechtschreibfehler vorkommen (können), ist ebenso nachvollziehbar wie die Tatsache, dass das → Layout zu wünschen übrig lässt – es sei denn, diesen Unebenheiten bzw. Fehlern wird bereits im Vorfeld oder in einer geplanten Nachbearbeitungsphase begegnet. (Zur angesprochenen Thematik siehe einerseits → Rechtschreibprüfung und andererseits → Formatvorlage sowie → Checklisten).

Nun besteht aber ein wesentlicher Anspruch an eine Examensarbeit gerade darin, dass sie in einem wissenschaftlich-sachlichen Stil abzufassen ist. Die Konzentration auf das Wesentliche ist zu verbinden mit einem individuellen Schreibstil und dem aktiven Gebrauch der Fachterminologie, wobei die dazu notwendigen Erläuterungen die eigene Fachkompetenz belegen. Bis auf den individuellen Schreibstil stellen die genannten Anforderungen in den wenigsten Fällen ein Problem dar: Wer seine Hochschullaufbahn bis zur anstehenden Arbeit erfolgreich absolviert hat, verfügt mit Sicherheit über die für eine solche Arbeit erforderliche Fachkompetenz, kennt folglich auch sowohl das Fachvokabular wie die jeweils entsprechende Bedeutung der Fachtermini. Das Problem liegt, vor allem bei den ingenieur- und naturwissenschaftlichen Absolventen, ausschließlich im Prozess des Schreibens: In diesen Studiengängen stellt die Abschlussarbeit meistens die erste schriftliche, wissenschaftlich fundierte Ausarbeitung größeren Umfangs dar. Neben der Tatsache, dass es also an der entsprechenden Schreib-Übung fehlt, spielen auch die in diesen Fachbereichen verfügbaren Themen eine große Rolle: Die Beschreibung eines technischen Ablaufs oder eines logistischen Vorgangs bzw. die Darlegung von informationstechnologischen Zusammenhängen können auch für einen durchaus Sprachbegabten geradezu eine Herausforderung darstellen und sind mit Themen aus dem Bereich der Kultur- und Geisteswissenschaften kaum vergleichbar.

Wie aber geht man denn ein wie auch immer geartetes „Schreibproblem" am besten an? Der wohl wirksamste Weg sieht vor, dass man ihm offensiv begegnet. Ursache für „Schreibschwierigkeiten" (ausgenommen aufgrund von LRS u. Ä.) ist zumeist nichts als eine fehlende Übung. Da es zum Zeitpunkt der zu erstellenden Arbeit jedoch unsinnig wäre, sich nun erstmalig mit entsprechenden Programmen und Lehreinheiten zu beschäftigen, man aus denselben Gründen des Zeitmangels auch kaum noch damit beginnen kann, sich der probatesten Methode für ein gutes Sch., dem → Lesen, zuzuwenden, bleibt nur ein Weg: Man beginnt, „einfach" zu schreiben. Es gibt immer einen Bereich aus dem Themen-Arbeitsgebiet, in dem man sich gut auskennt und der sich als Einstieg anbietet. Dabei ist es (noch) nicht relevant, ob die Syntax holprig ist und die Wortwahl eher unelegant: Das Wichtigste ist, *dass* man schreibt. Hat man einen Textabschnitt verfasst, so legt man ihn zur Seite und arbeitet auf einem anderen Gebiet als dem des Sch.s: Diese Vorgehensweise dient dazu, Abstand zu gewinnen zur Tätigkeit des Sch.s und Distanz aufzubauen zum Ergebnis. Nach Fertigstellung dieser anderen Tätigkeit soll sich der Studierende wieder dem Schreibprozess zuwenden und ein weiteres Themenfeld schriftlich bearbeiten.

Dieser Wechsel von Sch., Abstand-Gewinnen, Sch. erfolgt so lange, bis der Schreibende merkt, dass die Arbeit des Text-Verfassens sich angenehmer gestaltet und leichter von der Hand zu gehen beginnt. (Ehrenwort: Dieser Effekt setzt tatsächlich ein!) Nun können die ersten geschriebenen Abschnitte hervorgeholt und „gegengelesen" werden. Dabei sind bereits bestimmte Kriterien zu berücksichtigen:

- Wie wirkt der Text im Ganzen auf mich?
- Ist überall der Satzbau korrekt? Wo nicht: markieren!
- Lässt sich der Abschnitt flüssig lesen? Wenn nicht, woran liegt das?

- Wird die Fachsprache – sinngemäß – verwendet?
- Wiederhole ich mich: inhaltlich?, im Ausdruck?, in Formulierungen?, in Satzanfängen?
- usw.

Anschließend kann mit dem Ausbessern begonnen werden: Wo der Satzbau zu verschachtelt ist, muss geglättet werden; Fachtermini sind im Sinnzusammenhang aufzuführen und entsprechend zu erklären, Satzanfänge wie: „Und dann …“ bedürfen einer geschmeidigeren Formulierung, Wortwiederholungen erfahren eine Ersetzung durch Synonyme usw. Über den Prozess des Text-Redigierens gewinnt derjenige, der diese Arbeit vornimmt, weitere Erfahrung und Übung im Schreiben, was problemlos und vor allem umgehend auf die nachfolgenden Textabschnitte angewendet werden kann.

!

- Wissenschaftliches Sch. erfordert Objektivität in der Darstellungsweise; aus diesem Grund sind Hinweise auf sich selbst zu unterlassen. „Ich“, „mir“ und „mein“ dürfen nicht in der Arbeit vorkommen, sondern werden durch unpersönliche Formulierungen umschrieben. Da mancher eine natürliche Hemmschwelle hat, von sich selbst als „der Verfasser dieser Arbeit“ oder „der Autor“ zu schreiben (was aber korrekt ist), bleibt als Alternative nur die Form der passivischen Umschreibung, z. B. statt: Ich habe in diesem Abschnitt besonderes Augenmerk auf … gelegt wird die Passivform angewendet: In diesem Abschnitt wird besonderes Augenmerk auf … gelegt.
- „Im Folgenden will der Verfasser zeigen, dass …“. Solche oder ähnliche Absichtserklärungen wie auch: „Es soll weiterhin ausgeführt werden, …“ sind nicht zu empfehlen, zumal nachfolgend in den meisten Fällen ja tatsächlich etwas gezeigt bzw. ausgeführt *wird.*
- Auch Formulierungen wie „glauben“, „meinen“, „annehmen“ fallen in den Bereich der Tabu-Wörter; dasselbe gilt für unbewiesene und damit allzu gewagte Schlussfolgerungen wie: „Es kann davon ausgegangen werden, dass …“. Wer solche Satzkonstrukte z. B. in seinem Ausblick anbringt, muss zumindest einen Gedanken dazu anbieten, der Aufschluss gibt darüber, was dazu veranlasst, dass von etwas ausgegangen werden kann.
- Gerade Schreib-Ungeübte erliegen leicht der Versuchung, Text abzuschreiben bzw. mit Copy/Paste zu übernehmen: Solche „Brüche“ im Text sind schnell aufzudecken und ziehen im schlimmsten Fall den Vorwurf des → Plagiats mit allen Konsequenzen nach sich.

- Wer nicht versiert ist im Sch. vor allem wissenschaftlicher Texte, sollte sich beim Lesen von Fachliteratur immer Notizen machen, z. B.: Wie leitet der Fachautor von einem Satz zum nächsten, von einem Thema zum folgenden über? Solche Hilfsmittel sind immer für eine Übernahme gestattet.
- Entgegen der verbreiteten Meinung, dass zu sprechen einfacher sei als zu schreiben, weist jede Art zu schreiben gegenüber dem Sprechen erhebliche Vorteile auf: Gesagt ist gesagt! Diesem fast banalen Satz kann nichts entgegengehalten werden; denn auch, wenn man seine Aussage revidiert, bleibt ein: Gehört ist gehört! Dagegen bietet das Schreiben den Vorteil des Überlegens, Ausstreichens, Neu-Formulierens, des Verwerfens und der Korrektur. Solange man sich keinem Zeitdruck unterwerfen muss, bietet die Kunst des Schreibens – gegenüber der Kunst des Redens (die zudem noch die persönliche Ausstrahlung sowie eine korrekte Aussprache und Betonung des Gesagten erfordert, damit die Worte auch auf intendierte Weise ihren Adressaten erreichen) – erhebliche Vorteile.

Schrift: Schriftart/Schriftgrad

Meist gibt die Hochschule bzw. der Prüfer vor, in welcher Sch.art und auch, in welcher Sch.größe die Arbeit geschrieben werden soll. Im Allgemeinen wird eine Standardsch. wie Arial oder Times New Roman bevorzugt, wobei hinsichtlich einer Lesefreundlichkeit von vor allem längeren Textpassagen einer Serifensch. wie Times New Roman oder Garamond der Vorzug zu geben ist. Serifensch.en weisen „Häkchen“, genauer: Ansatz- und Begrenzungsstriche an den einzelnen Buchstaben auf, wodurch sich diese optisch zu Wörtern verbinden und so eine gute Lesbarkeit gewährleisten. Serifenlose Sch.en wie z. B. Arial und Futura gelten als plakative Schriften, die vornehmlich für Werbezwecke Verwendung finden. Sie sind auch für (PowerPoint-)Präsentationen sehr gut geeignet.

Als Sch.größe für den → Fließtext wird nach → DIN 1505 (Merkblatt zur Gestaltung wissenschaftlicher Arbeiten) ein Richtwert von 12pt vorgegeben, wobei sich der Sch.grad der Kapitelüberschriften in einem guten Verhältnis dazu absetzen soll (z. B. 16pt für eine Kapitelüberschrift der ersten Ebene, 14pt für eine solche der zweiten Ebene). Abbildungs- und Tabellenbeschriftungen müssen sich ebenfalls deutlich vom Fließtext abheben, was entweder mit einem kleineren Sch.grad oder einer Sch.auszeichnung wie → Fettdruck oder → Kursivierung erreicht werden kann. Die → Fußnoten sind üblicherweise in einem erheblich kleineren Sch.grad als der Fließtext zu setzen: eine 8pt-Sch. entspricht den Gepflogenheiten.

!
- Mode- oder verspielte Schnörkelsch.en sind für eine wissenschaftliche Abschlussarbeit nicht geeignet: Wer eine solche Sch. für seine Arbeit wählt, muss mit Punktabzug rechnen.
- Für den Fließtext und die Fußnoten ist dieselbe Sch.art zu wählen; dasselbe gilt für die Beschriftungen von Abbildungen und Tabellen sowie für die Verzeichnisse bzw. Register und das Deckblatt. Ausnahmen bilden Abbildungen, die aus Fremdquellen hinzugezogen wurden und bereits Beschriftungen aufweisen: Hier sind die integrierten Sch.en einem wörtlichen → Zitat gleichzusetzen.
- Alle o. a. Formalangaben entsprechen zwar den bereits erwähnten DIN 1505; als Richtwerte sind sie jedoch nur dann heranzuziehen, wenn die Hochschule bzw. der betreuende Professor keine spezifisch eigenen Empfehlungen hinsichtlich einer Sch.art und des Sch.grades ausspricht. Es erscheint zwar auf den ersten Blick widersinnig, sich speziellen Vorlieben gegenüber verbindlichen Normen zu unterwerfen; die Erfahrung lehrt jedoch, dass auch hier der Klügere nachgibt.

Schriftgrad → Schrift

Schusterjunge

Der Sch. stellt das Pendant zum → Hurenkind dar: Seine Bezeichnung stammt ebenso wie Hurenkind aus dem Druckgewerbe und steht für eine layoutmäßige Unsauberkeit. Wenn die erste Zeile eines neuen Absatzes als letzte Zeile auf einer Seite erscheint, so spricht man von einem Sch. Mit einer vordefinierten Absatzformatierung („Absatzkontrolle“) kann solch unschönen Layoutfehlern jedoch begegnet werden.

Seitenlayout → Umbruch

Seitenzahl (arabisch)

Die → DIN 5008 schreibt eine fortlaufende Nummerierung von mehrseitigen Dokumenten vor. Im Gegensatz zu Briefen, wo die erste Seite noch keine Ziffer aufweisen soll, wird der → Fließtext einer schriftlichen Arbeit ab der Zahl „1“ in arabischen Ziffern durchnummeriert. Die DIN gestattet eine zentrierte Positionierung der S. in der Kopfzeile, wobei die Ziffern in Parenthesen gesetzt werden, z. B.: – 2 – bei einstelligen, – 10 – bei zweistelligen und – 125 – bei dreistelligen Ziffern. Die Mittelstriche stehen nicht unverbunden zur Ziffer, sondern halten mit einem Leerzeichen Abstand zur Zahl. Die Bezeichnung „Seite“ oder „S.“ entfällt.

Ist die Kopfzeile bereits mit einer → Kolumne belegt, so kann die S. auch in die Fußzeile gestellt werden: entweder auch hier mittig oder je nach Seitenausrichtung rechts außen (bei einer rechten Seite) oder links außen (bei einer linken Seite). Die Ziffern gegenläufig zur Seitenausrichtung nach innen zu setzen ist zwar auch gestattet, aber unüblich und entspricht auch nicht dem Anspruch, einer Lesefreundlichkeit Rechnung zu tragen. Bei der Positionierung rechts oder links im Wechsel wird aus Gründen der Optik auf die Hinzufügung von Parenthesen verzichtet. Dies stellt aber lediglich eine Empfehlung dar und keine Richtlinie.

Seitenzahl (römisch)

Alle in einer Arbeit vorkommenden Verzeichnisse werden außerhalb des → Fließtextes aufgeführt und auch separat davon in römischen Ziffern gezählt. Es handelt sich dabei um römische Zählzeichen, die eine analoge Wertigkeit zu den arabischen Zählzeichen aufweisen; die Zählung selbst erfolgt fortlaufend in der Reihenfolge der aufgeführten Verzeichnisse. Hierbei sind neben der Schreibung in Großbuchstaben die besonderen Regeln der Zählweise von römischen Ziffern zu berücksichtigen:

- Die Zahlen 1 bis 3 entsprechen nach römischer Zählung I, II, III.
- Die 4 dagegen wird als 5 (V) minus 1 (I) geschrieben, wobei allein die einer „Grundziffer“ vorweg gestellte Positionierung einer anderen (kleineren) Zahl das Minuszeichen symbolisiert = IV.

- Analog gilt die 9 als 10 (X) minus 1 (I) = IX.
- Diese Regel setzt sich kontinuierlich fort: 14 = 10 plus 5 minus 1: XIV; 19 entspricht 10 plus 10 minus 1 = XIX.
- Bei aufsteigender Folge werden die Zahlen rechts von der „Grundziffer" geschrieben: 6 ist zu denken als 5 plus 1 = VI, 7 als 5 plus 2 = VII usw.

! Wer nicht versiert ist im Umgang mit den römischen Ziffern, sollte sich rechtzeitig mit ihren Besonderheiten vertraut machen, um so eine korrekte Schreibung zu gewährleisten.

Sender-Empfänger-Modell

„Die Sprache ist die Quelle aller Missverständnisse" wusste bereits Antoine de Saint-Exupéry, ohne sich dabei konkret auf ein bestimmtes Kommunikationsmodell zu beziehen. Kommunikation bedeutet (aus dem Lateinischen) wörtlich übersetzt: teilen, mitteilen, (etwas) gemeinsam machen. Um Kommunikation im Wortsinn stattfinden zu lassen, muss das (Mit-)Teilen von Inhalten, Gedanken, Kenntnissen, Wissen und Ergebnissen möglich sein. Dazu bedarf es zwischen denen, die kommunizieren, einer gemeinsamen Verständnisebene, da andernfalls Irrtümer und Missverständnisse auftreten.

Den Schwerpunkt des S., dessen sich jeder bewusst sein muss, der auf irgendeine Weise Information von a (= Sender) nach b (= Empfänger) „transportiert", bildet die Codierung: die Übermittlung der Information auf bestimmte Weise. Das „Medium" ist die Sprache, die in gesprochener oder geschriebener, ja sogar in gemalter Form „gesendet" werden kann. (Auf die zahlreichen anderen Möglichkeiten, wie sie z. B. durch die Digitalisierung gegeben sind, wird hier nicht eingegangen, da eine solche Erörterung den gegebenen Rahmen sprengen würde.) Eine Verständigung zwischen a (= Sender) und b (= Empfänger) findet dann statt, wenn beide über dieselbe Codierungsebene verfügen bzw. wenn der Sender eine voraussichtliche Verständnis-Störung beim Empfänger im Vorfeld durch Erklärung eliminiert.

Wer sich mit einem Bekannten „um sieben Uhr bei der Bank" verabredet, muss sich nicht wundern, wenn die Verabredung nicht zustande kommt: „bei der Bank" sagt nicht aus, ob das Geldinstitut oder die Parkbank gemeint ist; „sieben Uhr" könnte im Umgangssprachgebrauch auch die Uhrzeit am Abend meinen, obwohl hier

19.00 Uhr als korrekte Zeitangabe anzugeben wäre. Um deutlich zu machen, dass sich der Empfänger auf derselben Kommunikationsebene wie der Sender befindet, ist ein Feedback erforderlich, welches der Empfänger dem Sender „signalisiert". Im Beispielfall würde die Antwort lauten: Ich bin heute Abend um 19.00 Uhr bei der Parkbank = Nachricht verstanden.

Ein solches Feedback ist natürlich bei einer schriftlichen Arbeit vor allem in Form einer umgehenden Re-Aktion nicht zu erhalten. Das erste Feedback auf die Arbeit erfolgt zu einem Zeitpunkt, wo eine Korrektur durch den Sender = Verfasser nicht mehr möglich ist. Also muss der Autor das Risiko, falsch oder gar nicht verstanden zu werden, bereits zum Zeitpunkt seines Schreibens durch entsprechende Vorüberlegungen ausschalten. So muss er immer dafür Sorge tragen, dass seine Verständnisebene den Empfänger (Adressaten) auf derselben oder einer vergleichbaren Verständnisstufe erreicht bzw. dass eine bestimmte Schnittmenge an Verständlichkeit vorhanden ist. Da man selbst zu tief in der Materie bzw. dem Thema steckt, kann man kaum beurteilen, ob einem anderen das Geschriebene verständlich ist. Man kann sich zwar in Abwandlung der von Konrad Lorenz im Jahr 1951 formulierten Sätze die folgenden Fragen stellen:

Ist gedacht hier auch gesagt?
Wird das Gesagte auch „gehört"?
Und ist gehört tatsächlich verstanden? –,

aber ob dem dann auch wirklich so ist, wird nur ein Außenstehender beurteilen können. Dazu sollte man seine fertig gestellten Textabschnitte regelmäßig einem qualifizierten Leser und möglichst auch einem nicht ganz so fachlich Versierten zur Verständnisprobe vorlegen. Jede (im positiven Sinne) Kritik am Sender-Empfänger-Verhalten der entstehenden Arbeit bietet die Möglichkeit zur Korrektur und damit zu einer Verbesserung.

Silbentrennung

Gemeint sind die Worttrennungen, die am Ende einer Zeile vorgenommen werden, weil entweder die Zeile zu Ende ist (kommt bei → Blocksatz häufig vor) oder aber im Verhältnis zur Vorzeile gleichmäßig ausgelastet werden soll (anzuwenden bei → Flattersatz). Obwohl in den standardmäßigen Textverarbeitungsprogrammen auch eine automatische S. zu aktivieren ist, müssen bei der → Schlusskorrektur die Trennungen noch einmal separat überprüft werden. Dass nicht mehr als drei Trennungen aufeinander folgen, kann allerdings bereits im Vorfeld definiert werden. Wer nicht weiß, wie dies zu bewerkstelligen ist, greift am besten auf die → Hilfefunktion seiner Textverarbeitung zurück.

Bei der Schlusskorrektur ist darauf zu achten, dass die Worttrennungen tatsächlich analog zur grundgelegten DUDEN-Rechtschreibung vorgenommen wurden und dass die Worttrennungen keine sinnentstellenden Begriffe ergeben. Bekannt sind Beispiele wie Ur-in-stinkt (nicht: Urin-stinkt), Ost-er-wei-te-rung (nicht: Osterweiterung) An-alpha-bet (nicht: Anal-phabet) usw. Die Abtrennung einzelner Vokale (= Selbstlaute) war kurzfristig im Rahmen der Rechtschreib-Neuregelung gestattet; dies wurde aber im Zuge einer Revision wieder aufgehoben. Bio-tonne ist nicht mehr als Bi-o-tonne vorgesehen; und A-bend ist ebenfalls in dieser Trennungsform falsch; das letztgenannte Beispiel zählt zu denjenigen Wörtern, die gar nicht zu trennen sind. In Zweifelsfällen ist am besten immer der Rechtschreib-DUDEN heranzuziehen.

!

- Trotz aktivierter automatischer S. verbleiben besonders beim Blocksatz hässliche Lücken, wenn die Textverarbeitung nicht „weiß", wie das Wort getrennt werden kann. Hier empfiehlt sich das Einfügen von sogenannten „bedingten" Trennungen, die die gewünschte S. ergeben.
- Von festen Trennungen (also dem manuellen Einfügen des Bindestrichs) ist unbedingt abzuraten, da auch nur die geringfügigste nachträgliche Verschiebung der Textzeile dazu führt, dass das entsprechende Wort innerhalb der Zeile mit Bindestrich stehenbleibt.

Sperrvermerk

Manche Abschlussarbeit – z. B. aus dem Informatikbereich – wird als Projektarbeit in einem Unternehmen geschrieben, wodurch der Studierende oftmals mit vertraulichen unternehmensinternen Daten in Berührung kommt. Solche Daten will das Unternehmen verständlicherweise schützen bzw. Unbefugten nicht zugänglich machen.

Aus diesem Grund ist vor Drucklegung der Arbeit mit einem Verantwortlichen aus der Firma die Vertraulichkeit der behandelten Daten abzuklären, und ggf. ist ein S. auf die Arbeit anzubringen. Mit einem entsprechend festgeschrieben Text wird die Zugänglichkeit zu dieser Arbeit auf bestimmte Personen – zumeist die Führungsebene der Firma, den Betreuer (= Mentor) im Unternehmen und die Prüfer des Absolventen – eingeschränkt. Außenstehende und damit auch die Konkurrenz haben aufgrund des S.s keinen Zugang zur Arbeit. Bedauerlicherweise wird durch diese Einschränkung auch Studierenden, die vielleicht an der Arbeit interessiert wären, für einen Zeitraum von in der Regel zwei Jahren der Einblick verwehrt. Eine Sperrklausel bis zum „Sankt Nimmerleinstag" ist jedoch nicht vorgesehen, weshalb nach Ablauf der Zweijahresfrist auch mit S. versehene Arbeiten in die Ausleihe der jeweiligen Hochschulbibliothek gelangen.

Der Wortlaut eines solchen S. wird manchmal vom Unternehmen vorgegeben; sollte dies nicht der Fall sein, so empfiehlt sich eine Absprache mit einem Verantwortlichen hinsichtlich der Vollständigkeit des Textes.

Beispiel: *Die vorliegende Arbeit beinhaltet interne und vertrauliche Daten der Firma XXX. Aus diesem Grund ist die Weitergabe des Inhalts der Arbeit im Gesamten ebenso wie in Teilen grundsätzlich nicht gestattet. Das Anfertigen von Kopien und/oder Abschriften sowohl in gedruckter wie in digitaler Form sowie die Weitergabe bzw. Nutzung evtl. beigefügter Abbildungen sind ebenfalls nicht zulässig. Ausnahmen bedürfen der schriftlichen Genehmigung der Firma XXX.*

Der S. findet sich – unpaginiert und auch nicht aufgeführt im Inhaltsverzeichnis – direkt im Anschluss an das → Deckblatt.

Stichwort und Schlagwort

Beide dienen der Sacherschließung von Literatur. Der Unterschied zwischen beiden Begriffen besteht in der Art und Weise, wie die Literatursuche ermöglicht wird: Nach bibliothekarischer Terminologie muss das St. als sinntragendes Wort im Titel enthalten sein, um eine erfolgreiche Suche zu gewährleisten. Eine gleichzeitige Aussage über das inhaltliche Themenspektrum wird mit einem St. nur dann vorgenommen, wenn es mit dem Sch. identisch ist, was durchaus vorkommen kann.

Ein Sch. kennzeichnet ein bestimmtes Themen*gebiet*, wobei das Sch. selbst als ein möglichst kurzer, dabei zugleich prägnanter Ausdruck den sachlichen Inhalt einer Schrift wiedergibt. Schriften vergleichbaren Inhalts werden unter entsprechend aussagekräftigen Sch.en zusammengefasst, was den großen Nutzen von Sch.-Katalogen darstellt.

Wer → Literaturrecherche betreibt, ohne einen konkreten Titel zu suchen, erzielt also allenfalls punktuelle Ergebnisse unter einem bestimmten St. und sollte deshalb seine Literatursuche über thematisch relevante Sch.e. vornehmen. Der Titel: *„Der Name der Rose"* von Umberto Eco wird unter den St.en *„Name"* und *„Rose"* im entsprechenden Verzeichnis (St.-Katalog oder St.-Verzeichnis einer Bibliografie) gesucht und gefunden. Wer das Buch nicht kennt, sondern evtl. nur den Titel gehört hat, wird sich wahrscheinlich wundern, wenn er weiter unter den Themengebieten *Namenskunde* bzw. *Rosen* sucht und dieses Buch unter den entsprechenden Sch.en – natürlich! – nicht aufgeführt findet. Wer jedoch den Inhalt des Buches kennt, seinen Titel dagegen nicht mehr präsent hat, und unter den Sch.en *Italien, Benediktinerkloster, Kriminalfall, Geschichte 14. Jahrhundert* recherchiert, wird hier fündig werden, wobei das Sch.-Verzeichnis noch weitere Titel zu diesen Themengebieten ausweist.

! Wer für die sachliche Erschließung seiner Abschlussarbeit ein Register erstellen möchte, ist mit einem alphabetisch angelegten St.-Register bestens bedient. Die gängigen Textverarbeitungsprogramme bieten zwar Möglichkeiten zur automatischen Indexierung an; dennoch kann nicht von der Hand gewiesen werden, dass jede Form von Registererstellung zusätzliche Arbeit für denjenigen bedeutet, der diese Arbeit leistet. Für den Nutzer stellt ein solches Register eine enorme Erleichterung dar, da eine gezielte Suche vorgenommen werden kann.
Von einem Sch.-Register ist aufgrund des überschaubaren Textumfangs der hier zugrunde gelegten Abschlussarbeiten eher abzuraten.

Stoffsammlung

Das Thema steht fest, der (Arbeits-)Titel ist formuliert. Also kann mit der eigentlichen Arbeit begonnen werden. Soweit die Theorie; in der Praxis jedoch begegnet nun eher Ratlosigkeit als ein gezieltes Vorgehen. Wo genau soll man denn anfangen; wie konkret etwas in Angriff nehmen, ohne sich im Informationsdschungel zu verlaufen?

Im Anschluss an die → Literaturrecherche kann eine systematische St. im weiteren Planungs- und Arbeitsverlauf gute Dienste leisten: Angefangen bei einem je nach Themenschwerpunkt erforderlichen intensiven oder diagonalen → Lesen von Texten, bei dem sinnvollerweise bereits erste Randnotizen und Notierungen (→ Lesen) vorgenommen werden, können sowohl mit Brainstormingphasen oder mit erstellten → MindMaps bzw. der Praxis des → Clusterns ein „Bauplan" gezeichnet und ein Grundgerüst erstellt werden. Ideen gleich welcher Art werden notiert, Gedanken entweder mehr oder eher weniger ausformuliert, Literatur-Fundstellen registriert und einzelne Arbeitsschritte protokolliert, um zu einem zuvor definierten Zeitpunkt alle Aufzeichnungen nach ihrem Genre und dem Kriterium der Relevanz zur Weiterverwendung zu sortieren.

! Auch wenn eine St. nicht auf Dauer, sondern mehr als erste Orientierungshilfe angelegt ist, sollte sie zumindest eine Minimalstruktur widerspiegeln. Eine chaotische St., die aus einem unüberschaubaren Wust an Zetteln, Blättern, Notizen, Karteikarten, unsortierten Dateien o. Ä. besteht, stellt keine Hilfe, sondern eine Erschwernis dar, da man mit Suchen und Nachrecherchieren entschieden zu viel an Zeit vertut. Das Wort „Sammlung" in der vorliegenden Wortzusammensetzung impliziert zwar keine Ordnung, sondern verweist lediglich auf die Aktion bzw. das Ergebnis des Sammelns; wer jedoch eine systematische St. vornimmt, berücksichtigt gleichermaßen den Aspekt des Sortierens.

Superlativ

Der S. ist nach dem Positiv (hoch) und dem → Komparativ (höher) die höchste Steigerungsform des Adjektivs (am höchsten) und bringt zum Ausdruck, dass eine Größe im Vergleich zu mindestens noch zwei anderen Größen den höchsten Grad in Bezug auf eine bestimmte Eigenschaft oder einen bestimmten Wert aufweist. Werden lediglich zwei Größen miteinander verglichen, so verwendet man den bereits erwähnten Komparativ.

Bei der Steigerung von zusammengesetzten Adjektiven wie z. B. vielversprechend, weitgehend ist darauf zu achten, dass nur ein Bestandteil der Zusammensetzung gesteigert wird, niemals jedoch beide. Dabei ist jeweils zu prüfen, ob der erste oder der zweite Bestandteil in die Steigerungsform zu setzen ist; vereinzelt sind beide Möglichkeiten zulässig – als jeweilige Steigerung eines Wortteils, nie jedoch in der Doppelung von beiden: weitgehend, weitestgehend; nicht: weitestgehends.

Syntax

S. wird hier ausschließlich verstanden als Teil der Grammatik und nicht als formale S. einer Programmiersprache. Die S. der natürlichen Sprache hat den korrekten Satzbau zum Gegenstand, der in seiner einfachsten Form aus Subjekt und Prädikat besteht: *Vater arbeitet.* Wie dieses Beispiel schon zeigt, ist es nicht damit getan, ein Substantiv (= Nomen oder Hauptwort) und ein Verb (= Tätigkeitswort oder Zeitwort) nach Gutdünken aneinanderzureihen, um einen vor allem verständlichen Satz zu erhalten, sondern es müssen die jeweiligen Bezüge zueinander hergestellt werden; in diesem Fall:
Vater = Subjekt = Satzgegenstand
Vater = Singular = Einzahl
Aus dieser Form des Nomens leitet sich die Konjugation = die Beugung = Anpassung des Verbs ab:
arbeitet = 3. Person (er/sie/es) Singular
arbeitet = Präsens = Tempus = Zeit in Gegenwartsform.
Bereits bei diesem ausgesprochen einfachen Beispiel wird deutlich, wie viele Faktoren Einfluss nehmen auf einen korrekten und damit verständlichen Satzbau. Insofern ist nicht allein um einer guten Lesbarkeit willen von Schachtelsätzen abzuraten, sondern vor allem im Sinne einer korrekten S. Eine solche gestaltet sich nämlich immer schwieriger, je tiefer die Verzweigungen in die Abhängigkeiten von Nebensätzen gehen – ganz davon abgesehen, dass es schwerfällt, solchen Konstrukten inhaltlich zu folgen: *Die Frau, deren Mann aus dem Haus, dessen Besitzer gerade verstorben war, und zwar zu einer Zeit, als die Währungsreform, deren Ausmaß damals noch nicht abzusehen war, …* – diesen Satz sowohl grammatikalisch als auch inhaltlich korrekt fortzuführen und sogar noch zu beenden, dürfte einige Schwierigkeiten bereiten, auch wenn die → Interpunktion als formales Strukturierungsmittel den verbindlichen Regeln folgt.

! In den letzten Jahren haben sich zunehmend sprechsprachliche Satzkonstrukte auch in die Schriftsprache eingeschlichen; die wohl am häufigsten verwendete ist die Vermeidung der Konjunktion (des Bindeworts) „dass“: Statt, wie nachfolgend beispielhaft ausgeführt: *„Ich hoffe, dass du morgen kommst“*, wird auch im Schriftlichen die Verkürzung *„Ich hoffe, du kommst morgen“* verwendet, was jedoch keiner korrekten S. entspricht und deshalb vor allem in wissenschaftlichen Arbeiten zugunsten eines regelgerechten Satzbaus zu vermeiden ist.

T

Tabellen

Wer eine Arbeit im kaufmännischen Bereich zu erstellen hat, weiß das klassische Anwenderprogramm im MS Office-Paket, die Excel-Tabellenkalkulation, zu schätzen. Da es sich hierbei um ein Programm handelt, über das bereits ganze Regalmeter an Büchern existieren, kann das Thema Excel an dieser Stelle vernachlässigt werden: Wir wenden uns ausschließlich den T. zu, die das Textverarbeitungsprogramm WORD vorsieht, wobei jedoch auf die Möglichkeit hingewiesen wird, eine T. aus Excel in WORD hinein zu kopieren.

Eine T. innerhalb eines → Fließtextes macht immer dann Sinn, wenn Vergleiche und/oder Gegenüberstellungen vorgenommen werden sollen. Eine T. bietet sich in solchen Fällen als ausgezeichnetes Strukturelement an. Es ist dabei zunächst zu überlegen, was genau mit der T. zum Ausdruck gebracht werden soll, da sich aus diesem gedanklichen Ergebnis sehr schnell die Anzahl der Spalten generieren lässt. Weiterhin sind die „Kopfzeilen" der jeweiligen Spalten als aussagekräftige Bezeichnungen zu erstellen, die bei einem evtl. erforderlichen → Umbruch der T. auf die Folgeseite noch einmal zu Beginn der Spalte identisch zur Vorseite aufzuführen sind (siehe dazu die entsprechende automatische Funktion in WORD!). T. weisen, im Gegensatz zu → Abbildungen, eine *Überschrift* auf; dies deshalb, da sie oftmals einen Verlauf über mehr als eine Seite nehmen und der Leser somit von Beginn an über den Inhalt und den Zweck der T. informiert ist.

Bei Vergleichen, Gegenüberstellungen usw. empfiehlt es sich, die T. mit Gitternetzen abzubilden, wobei die Größe der einzelnen Zellen dem verwendeten Schriftgrad angepasst sein sollte. Ziffern sind innerhalb einer T. generell rechtsbündig auszurichten, da nur so die jeweiligen mathematischen Einheiten wie Einer, Zehner, Hunderten untereinander zu stehen kommen. Dies ist vor allem wichtig bei Zahlen mit Kommastellen: Bei einer in der Spalte zentrierten Positionierung stehen die Ziffern zwar „schön" in der Mitte des Kästchens; eine ad hoc, nicht automatisch vorzunehmende mathematische Operation ist dann aber ausgesprochen schwierig durchzuführen. Werden in einer T. Ziffern aufgeführt, so ist unbedingt darauf zu achten, dass die Maßeinheit (oder Währung) genannt ist – am besten einmalig in der Kopfzeile und nicht jedes Mal im Anschluss an die Einheit. Es ist jedenfalls wenig ergiebig, ganze Zahlenreihen wiederzugeben, ohne dass der Leser weiß, ob es sich um Euro, um Broteinheiten, um Zentimeter oder um Kilogramm handelt.

Viele Empfehlungen/Richtlinien, die für → Abbildungen gelten, haben auch Gültigkeit für T.

!

- T. dürfen nicht als „Abbildung" bezeichnet werden.
- Die Beschriftung innerhalb der Spalten sollte mittig erfolgen und weder am oberen noch am unteren Spaltenrand „kleben"; siehe dazu die → Hilfefunktion der Textverarbeitung.
- Leere Zeilen am Ende einer T. sind zu entfernen.
- Eine einfache Aufzählung von Fakten, Punkten usw. entspricht keiner T. und rechtfertigt insofern auch keine solche.
- Es ist sinnvoll und sogar erforderlich, die in der T. aufgeführten Werte im Fließtext zu erläutern bzw. darzulegen, aus welchem Grund man die T. erstellt hat. Es macht jedoch keinen Sinn, die der T. identischen Daten und Fakten im Fließtext noch einmal kommentarlos aufzuführen bzw. zu paraphrasieren.
- Der Schriftgrad muss so gewählt werden, dass die Lesbarkeit im Druck gewährleistet ist.

Tabellenverzeichnis

Siehe dazu → Abbildungsverzeichnis; alle dort vorgenommenen Angaben treffen auch für ein Tabellenverzeichnis zu!

Thema

Im Laufe einer Studienzeit richtet sich das Interesse des Studierenden irgendwann entweder auf ein Spezialgebiet oder auf einen bestimmten Komplex; der Studierende schlägt eine konkrete Richtung ein oder konzentriert sich auf ganz spezifische Bereiche. Wer feststellt, dass er eine Vorliebe für ein bestimmtes Thema zu entwickeln beginnt, kann durchaus auch schon in einem frühen Studiensemester an seine Abschlussarbeit denken und zumindest im Hinblick auf eine Themenwahl die notwendige „GAR-Probe" vornehmen. GAR steht für die drei Schlüsselwörter:

- Gegenstand
- Aktuelles Interesse
- Relevanz des Themas (= auch Ausschluss von „Fingerweg“-Themen).

Die Frage nach dem Gegenstand des Themas schließt im Prinzip die nachfolgenden Fragen bereits mit ein: Ob ein zu erörternder Bereich auch in zwei bis drei Jahren noch von Relevanz ist oder ob dann evtl. kein Hahn mehr danach kräht, spielt z. B. auch in Bezug auf die aktuelle Literatur eine große Rolle. Wer beispielsweise vor drei Jahren zum Thema Web 2.0 eine Abschlussarbeit schreiben wollte, sah sich noch als Pionier; heute finden sich dazu allein in Google um die 470.000 Treffer: Eine weitere Arbeit über dieses Thema würde wahrscheinlich nur noch dann wahrgenommen werden, wenn sie ganz elementar aus der Masse vorhandener Arbeiten herausragte. In solche Erörterungen hinsichtlich Gegenstand und aktuellem Interesse fügt sich die Frage nach der Relevanz des Themas nahtlos ein: Um beim gewählten Beispiel „Web 2.0“ zu bleiben: Es handelt sich dabei um ein sogenanntes „Jahrhundertthema“: ausufernd und nicht enden wollend – also keinesfalls als Thema zu empfehlen.

Wie aber meidet man denn nun die Gefahr, an ein Jahrhundertthema, ein „Mode-“ oder ein „Pseudo-Thema“ (= alter Wein in neuen Schläuchen) zu geraten? Als erstes empfiehlt es sich, das ins Auge gefasste Thema einzugrenzen: Web 2.0 z. B. ist – für sich gesehen – kein *Thema*; auch hier müsste zunächst eine entsprechende Abgrenzung vorgenommen werden. Hat man sich entschieden, einen bestimmten Bereich in einer schriftlichen Arbeit zu behandeln, so ist als nächstes die Sichtung der vorhandenen Literatur in Angriff zu nehmen. Themen, zu denen der Literaturnachweis eher mager ausfällt, können allenfalls als spekulative Themen bearbeitet werden; dies ist aber bei Abschlussarbeiten nur im Einzelfall gestattet. Wo also → Kataloge und Bibliografien mehr Leerstellen denn Funde ausweisen, sollte in Betracht gezogen werden, das Thema zu wechseln: zu einem frühen Zeitpunkt eine völlig unproblematische Angelegenheit.

Erweisen sich jedoch die → Nachschlagewerke als sprudelnde Quelle, so kann damit begonnen werden, aus dem großen Themenspektrum, das man in einer schriftlichen Arbeit beackern möchte, eine konkrete Aufgabenstellung zu formulieren. Spätestens zu diesem Zeitpunkt ist es angeraten, den Kontakt zu seinem fachlichen Mentor, seinem Professor und Betreuer zu suchen, um sein Einverständnis zur Themenwahl einzuholen und mit ihm einen ersten

Arbeitstitel abzufassen. Aus diesem wird zu einem späteren Zeitpunkt der konkrete Titel der Abschlussarbeit destilliert.

Titel

Der T. einer schriftlichen Abschlussarbeit hat ganz bestimmten Anforderungen zu genügen:

- Er muss klar und verständlich sein, sollte weder Abkürzungen noch Formeln noch regional geprägte Begriffe aufweisen.
- Er soll prägnant sein und Interesse wecken.
- Er muss aussagekräftig sein, soll also das → Thema, die Problemstellung und die Zielsetzung widerspiegeln, ohne jedoch Ergebnisse vorwegzunehmen.
- Er muss so eindeutig sein, dass das Werk problemlos in den einschlägigen Verzeichnissen aufzufinden ist.
- Er muss seriös sein, darf also nur das versprechen, was im Verlauf der Arbeit auch tatsächlich entwickelt wird.
- Er darf nicht zu lang sein (Empfehlung: bis zu 100 Zeichen inklusive der Leerzeichen).
- Endungen auf -ung sollten möglichst nicht gehäuft vorkommen; ebenso sollten Formen von „Genitiv-„Treppen" vermieden werden (negatives Beispiel: *Die Untersuchung der Formulierung der Einleitung in der Dichtung des Mittelalters*)
- Er wird nicht in Satzstruktur, sondern in Telegrammstil abgefasst.
- Er wird als Aussage formuliert, nicht jedoch als Frage.
- Er sollte möglichst ohne (erläuternden) Untertitel auskommen können.

Wer sich schon frühzeitig mit seinem Themengebiet befasst, kann bereits mit verschiedenen vorläufigen „Arbeitstiteln" jonglieren. Dies ist natürlich ab dem Zeitpunkt der offiziellen Anmeldung der Arbeit beim Prüfungsamt nicht mehr möglich. Nach der offiziellen Anmeldung besteht im Allgemeinen nur ein einziges Mal innerhalb von vier Wochen die Möglichkeit zur Rückgabe des Themas. Auch wenn es sich nur um eine geringfügige Titeländerung handelt, wird eine solche wie eine neue Themenvergabe behandelt. Deshalb ist vor dem Festlegen des endgültigen Titels unbedingt zu klären:

- Drückt der Titel tatsächlich das aus, was in der Arbeit behandelt wird?
- Ist das Thema mit dem vorliegenden T. genügend eingegrenzt, sodass kein Jahrhundertwerk daraus erwächst?
- Ist andererseits genügend Raum gegeben für in die Tiefe und/oder in die Breite gehende Erörterungen?
- Ist das Werk über im Titel enthaltene „Schlüsselwörter“ zu recherchieren? Oftmals werden nichtssagende Formulierungen wie *Untersuchung im Rahmen von* ... oder *Studien zu* ... verwendet: Sie sind ebenso zu vermeiden wie zwar schlagkräftige, dafür aber thematisch leere T. Als solche werden T. verstanden, die eines Untert.s bedürfen, um einen Hinweis auf das Thema der Arbeit zu geben.

Beispiel und Begründung für je einen schlechten und guten T.:

(Schlechter T.): *„Glas – alles klar?"* Dieser Titel eignet sich vielleicht als Überschrift für einen Zeitungsartikel; im Zusammenhang mit einer wissenschaftlichen Abschlussarbeit stellt er einen Missgriff dar: Er sagt nicht aus, ob in der Arbeit ein technisches Thema (der Glasherstellung z. B.) oder eines aus der Ophtalmologie (z. B. der Einsatz von Glasaugen) oder aus einem noch anderen Bereich behandelt wird. Erst der (entschieden zu lange) Untertitel: Fächerverbindende, projektorientierte Unterrichtsreihe im Chemieunterricht in einer Berufsfachschule mit medizinisch-technischer Berufsausrichtung lässt erkennen, auf welches Umfeld in der Arbeit Bezug genommen wird; eine inhaltliche Aussage wird aber auch mit dem Untertitel nicht vorgenommen.

(Guter T.): *„Die Atemfrequenz des Hausschweins nach einem Hundertmeterlauf"*: Das ist ein eindeutiger T., der über die enthaltenen key words: Atemfrequenz, Hausschwein, Hundertmeterlauf auffindbar ist, und der fachlich eindeutig zugeordnet werden kann.

U

Überschrift (allgemein)

Ü.en dienen dazu, eine Aussage über den nachfolgenden Text oder Textabschnitt zu machen. Die einem gesamten Werk zugeordnete Ü. wird als → Titel bezeichnet. Ü.en zu formulieren entspricht manchmal einer wirklichen Sisyphusarbeit, denn die Anforderungen an eine gute Ü. sind nicht eben gering: Prägnant soll sie sein, also auch knapp in der Formulierung. Sie muss im Telegrammstil verfasst sein, darf folglich keine Satzstruktur aufweisen. Eine Ü. in Frageform abzufassen, erfordert die umgehende Beantwortung dieser Frage im Folgetext. Da eine solche Antwort in den wenigsten Fällen erfolgt (da sie auch selten mit der Frage intendiert ist), sollte man von dieser Form der Ü. besser Abstand nehmen; lediglich in Ausnahmefällen, nämlich als rhetorisches Element, ist eine solche Form der Ü. anzuwenden. Verständlichkeit der Ü. ist generell verlangt; die Ü. enthält folglich weder Abkürzungen noch Regionalbezeichnungen (= Dialekte). Dass eine Ü. nicht banal sein darf, versteht sich von selbst. Vor allem aber muss sie 1:1 übereinstimmen mit dem entsprechenden Punkt in der Gliederung! Aus diesem Grund sollte ein → Inhaltsverzeichnis immer aus den → Kapitelüberschriften generiert werden. Gute Textverarbeitungsprogramme verfügen über den Komfort einer solchen Möglichkeit.

Und was z. B. kann nun als eine gute Überschrift gewertet werden? Da die Merkmale dazu bereits genannt wurden, wird nachfolgend zu Demonstrationszwecken das fiktive Beispiel einer schlechten Ü. gegeben: Es handelt sich um die Ü. eines Aufsatzes in einem Sammelband. Der Aufsatz behandelt das Thema „Internationalisierung von Hochschulen im Rahmen des Bologna-Prozesses“. Die Ü. des Aufsatzes lautet:

Leitlinien für die internationale Ausrichtung der Hochschule und Internationalisierung im Rahmen der unterzeichneten Zielvereinbarungen zwischen der Hochschule XYZ und dem HMWK vom 1.12.2003 für die Jahre 2006 bis 2008.

Welche Gründe können gegen diese Ü. ins Feld geführt werden?

- Sie ist – erstens – zu lang: Am Ende der Ü. angelangt, weiß der Leser kaum noch, welches die Anfangsworte waren. Prägnanz und Klarheit sind also nicht gegeben.

- Sie macht – zweitens – keine Aussage bzgl. des nachfolgenden Textes, zumal die Ü. keine Schlussfolgerung zulässt, ob es sich bei ihr um eine Forderung handelt oder um ein Referat.
- Die Ü. weist – drittens – zwei Themenbereiche auf, bei denen zumindest überlegt werden sollte, ob sie nicht sinnvollerweise separat voneinander zu behandeln wären: a) Leitlinien für die Ausrichtung der Hochschule; b) Internationalisierung im Rahmen …
- Sie enthält – viertens – eine Abkürzung, was jedoch in Ü.en gleich welcher Art nicht gestattet ist: Statt HMWK muss hier Hessisches Ministerium für Wissenschaft und Kunst in voller Länge aufgeführt werden
- Die Datumsangabe erfolgt – fünftens – nicht nach DIN: Die → DIN 5008 regeln die verschiedenen Schreibweisen von Datumsangaben; die hier vorliegende (Tagesangabe einstellig bei nachfolgender zweistelliger Monatsangabe in Ziffern) ist in der DIN 5008 nicht aufgeführt und folglich nicht zulässig.
- In der Datumsangabe wurde statt der Ziffer Null der Buchstabe „O“ in Kleinschreibung verwendet: Dies entspricht einer satztechnischen „Todsünde“.

Umbruch

U. steht im behandelten Kontext (1.) für den Übergang einer Textzeile in die nächste, und (2.) für den Wechsel eines Textabschnitts von einer Seite auf die folgende.

(1.) Übergang von einer Textzeile in die nächste: Hier ist unbedingt darauf zu achten, dass notwendige Zusammenhänge erhalten bleiben. Eine Aufzählung sollte z. B. so vorgenommen werden, dass Aufzählungspunkt und Aufzählungsgegenstand nicht durch einen Zeilenumbruch voneinander getrennt werden. Dies erreicht man am besten dadurch, dass man solche Sinneinheiten bereits – wie dies in vielen Textverarbeitungsprogrammen möglich ist – beim Schreiben aneinander „koppelt“ bzw. ein sogenanntes „geschütztes Leerzeichen“ einfügt. So sollten z. B. auch akademische Titel und der jeweils nachfolgende Name nicht getrennt werden: Prof. Dr. Meier und nicht: Prof. Dr. (nächste Zeile): Meier. Ebenso sind Datumsangaben zusammenzuschreiben: 8. Mai 1945 und nicht: 8. Mai (nächste Zeile): 1945.

(2.) Wechsel von einer Seite zur nächsten: Mit einer Formatvorlage wird einerseits der → Satzspiegel definiert, andererseits kann der Verfasser einer Arbeit bereits im Vorfeld des Schreibprozesses festlegen, dass eine Absatzkontrolle vorgenommen wird, was bedeutet, dass → „Hurenkinder" und → „Schusterjungen" vermieden werden. Weiterhin ist beim Seitenwechsel darauf zu achten, dass Kapitelüberschriften nicht isoliert als letzte Zeile einer Seite zu stehen kommen, dass die → Fußnoten der zugehörigen Hochzahl im Text zugewiesen werden und nicht erst auf den Folgeseiten erscheinen usw.

! Gerade die in (2.) angesprochenen Hinweise sind unbedingt über eine Formatvorlage zu gewährleisten und dürfen keinesfalls „zu Fuß" bewerkstelligt werden: Bei manuell vorgenommenen Seiten- und/oder Zeilenumbrüchen können als Anschlussfehler kaum mehr behebbare Verschiebungen auftreten: angefangen damit, dass die in der Gliederung aufgeführte Seitenzählung nicht mehr stimmt, bis dahin, dass Bildunterschriften an anderer Stelle als unter dem Bild erscheinen usw. Manuelle Korrekturen führen sehr schnell zu Endlos-Behebungen, weshalb von dieser Art des Ausgleichs unbedingt abzuraten ist.

Umgang mit dem Professor

Es gibt den Prüfer, und es gibt den Betreuer. An wen der Studierende gerät, hängt von vielen Faktoren und manchmal auch vom Zufall ab. Beides, die vielen Faktoren und der Zufall, der letztlich aus Unwägbarkeiten besteht, erfordert die Fähigkeit eines flexiblen Umgangs: Es handelt sich hierbei um Anforderungen, denen im Zusammenhang mit einer akademischen Reife ebenso zu entsprechen ist wie dem Erweis der Fähigkeit zu wissenschaftlichem Arbeiten. Dazu zählt auch, sich sein eigenes Urteil zu bilden und weniger dem Flurfunk zu folgen oder einer über etliche Semester weiter getragenen Mundpropaganda. Ob ein Professor schwierig ist, streng benotet oder als sogenannter Erbsenzähler gilt, sollte jeder für sich selbst im Laufe seiner Studienzeit in Erfahrung bringen und vor allem auch bewerten können. Oftmals stellt sich ein dem Professor zugesprochener schwieriger Charakter schlicht als Integrität heraus, eine strenge Benotung entspricht berechtigten Anforderungen, und der „Erbsenzähler" lässt sich so schnell kein X für ein U vormachen.

Nun gibt es aber – wie in allen Bereichen – auch in der Hochschullehre das eine oder andere schwarze Schaf. Mancher Professor vergibt z. B. Themen, deren Bearbeitung ihm und seiner demnächst erscheinenden neuen Publikation durchaus von Nutzen ist. Der Student kann in einem solchen Fall noch von Glück sprechen, wenn er in einer Fußnote Erwähnung finden sollte. Ebenso kann es vorkommen, dass eine kleine Privatfirma des Professors bestimmte Ergebnisse z. B. aus der Medizin, den Wirtschaftswissenschaften oder der Informatik verwertet, die der Absolvent eines entsprechenden Fachbereichs in mühsamer Forschungsarbeit zusammengetragen hat. Dass solche professoralen Praktiken zur Frustration bis hin zur Empörung beim Studierenden beitragen, liegt ebenso auf der Hand wie die Tatsache, sich dagegen nicht wehren zu können. Mancher etablierte Professor sieht die Verwendung solcher Resultate nämlich keineswegs als Schmarotzertum oder gar als → Plagiat, sondern sich selbst als Quelle des Wissens, das der auf der untersten Sprosse der akademischen Leiter stehende Student von ihm, seinem Mentor, erworben hat. Insofern handelt es sich im Denken des Lehrenden um eine – möglicherweise vom Studierenden verfeinerte oder ausgefeilte – Rückgabe des ihm anvertrauten geistigen Materials.

Natürlich widerstrebt es jedem der Gerechtigkeit verpflichteten Menschen, eine solche Praxis gut zu heißen. Allein – was kann „man" tun? Ein probates Mittel zum Selbstschutz besteht immer darin, sich mitzuteilen, seine Aktivitäten öffentlich zu machen und mit anderen zu kommunizieren. Hierbei bietet das Internet mit seinen zahlreichen Möglichkeiten ein ausgezeichnetes Forum. Wo der Verdacht zu keimen beginnt, als wissenschaftlicher „Zulieferer" für andere eingespannt zu werden, dort sollte das Projekt so verschlüsselt wie nötig, dabei so offen wie möglich einer interessierten Community mitgeteilt werden. Dabei ist immer darauf zu achten, dass in der Darstellungsweise die notwendige Objektivität gewahrt bleibt, dass der Wahrheit entsprochen wird und niemand sein „Gesicht verliert".

Aber nicht nur unter den Professoren gibt es vereinzelt schwarze Schafe; auch mancher Studierende vermag seinen Prüfer an den Rand der Verzweiflung zu bringen. Eine verbreitete Unsitte besteht z. B. darin, seinen Professor mit einer Flut von Mails zu traktieren: Heute fällt dem Studierenden eine Frage ein: Mail! Am nächsten Tag erinnert er sich an ein anderes Problem: Mail! Der Nachmittag desselben Tages bringt wieder etwas Unaufschiebbares hervor: Mail! usw. Dass der Betreuer irgendwann genervt ist bzw. noch nicht einmal mehr antwortet, ist nachvollziehbar. Es hat sich sowieso als die bessere Alternative erwiesen, nach Anmeldung in die Sprechstunde zu gehen und im persönlichen Gespräch mit seinem Betreuer alle Fragen zu klären. Die Sprechstunde erfordert einerseits eine gute Vorbereitung, in der man z. B. einen Fragenkatalog erstellen kann, den man Punkt für Punkt abarbeitet und auf dem man sich die Antworten vermerkt. Andererseits wird oftmals im Dialog mancher Punkt oder ein Thema tangiert, worauf der Studierende im Mailwechsel nie zu sprechen gekommen wäre. Als Nebeneffekt macht eine überlegt vorgenommene Fragestunde beim Prüfer einen guten Eindruck und erweckt Wohlwollen gegenüber dem Studierenden. Eine solche positive Einstellung sollte man nicht gefährden, indem man nun zu jeder Gelegenheit bei seinem Professor vor der Tür steht und eine Fragestunde einfordert. Auch hier gilt: Weniger ist mehr. Eine wohldosierte Zurückhaltung ist jeder Nachdrücklichkeit vorzuziehen.

!

- Wer mit wem auch immer in Mailkontakt tritt, sollte die Grundlagen der schriftlichen Höflichkeitsform berücksichtigen: Eine übergestellte Persönlichkeit wird mit Sehr geehrte/r Herr bzw. Frau sowie dem höchsten erworbenen akademischen Titel angesprochen.
  Beispiel: *Sehr geehrter Herr Professor Meier* ist korrekt; wenn bereits ein bestimmter Vertrautheitsgrad gegeben ist, darf auch *Lieber Herr Professor Meier* geschrieben werden. Nicht üblich ist die Aufführung aller akademischen Titel wie z. B. *Sehr geehrter Herr Professor Dr. Dr. Meier.*
  Den Professorentitel in „Prof." abzukürzen gilt als ungehobelt, dasselbe trifft auf das Weglassen des Nachnamens oder die Begrüßung mit Hallo zu: *Hallo Prof.* ist ebenso wenig angebracht wie die kumpelhaft-vertrauliche Variante: *Hallo Herr Meier.* Auch die abschließende Grußformel muss den üblichen Standards entsprechen, was die Abkürzung *mfg* ausschließt: *Mit freundlichen Grüßen* oder *Mit freundlichem Gruß* gilt als formvollendet, wohingegen ein *Hochachtungsvoll* mittlerweile als zu devot angesehen wird.
- Das schriftlich formulierte Anliegen muss so eindeutig dargelegt werden, dass es vom Adressaten problemlos und ohne weitere Rückfrage erfasst werden kann. Eine einwandfreie Rechtschreibung und Grammatik sowie korrekte Syntax gelten auch im Mailverkehr als verbindlich: Eine Mail ist keine SMS!
- Zusammengefasst ergibt sich für den Studierenden im Umgang mit dem Professor die folgende Empfehlung: respektvoll-höflich, dabei jedoch nicht unterwürfig, sondern von einem gesunden Selbstbewusstsein geprägt. Ein „gesundes" Selbstbewusstsein zeichnet sich insbesondere durch fachliche Kompetenz, Argu-

mentationsfähigkeit und Eloquenz aus; in gleichem Maße sind jedoch Dialogfähigkeit und die Bereitschaft, andere Meinungen gelten zu lassen, von Bedeutung.

Unterstreichung

Bei dieser Art der Textauszeichnung handelt es sich um ein Relikt aus Zeiten der Schreibmaschine. Da die Schreibmaschinentastatur weder → Fettdruck noch → Kursivierung vorsah, blieb als einziges Auszeichnungsmerkmal die U. – eine Hervorhebung, die sich aufgrund anderer, dem Schriftbild zuträglicherer Möglichkeiten längst überholt hat. Lediglich in wörtlichen → Zitaten, in denen die Originalschreibung eine U. aufweist, ist diese mit zu übernehmen. Jede andere U. – seien es einzelne Wörter, ganze Sätze, Kapitel-Überschriften, Gliederungspunkte – sollte unbedingt vermieden werden, um die Kontinuität im Lesefluss zu gewährleisten.

!

- Vor allem auf dem → Deckblatt der Arbeit sind U.n nicht angebracht.
- Wer aus bestimmten Gründen nicht auf U.n verzichten möchte oder kann, sollte sich mit der einfachen U. begnügen und davon absehen, doppelte U.n oder U.n in Form von gestrichelten oder punktierten Linien vorzunehmen: Solche Spielereien entsprechen nicht dem Seriositätsanspruch einer solchen Arbeit.
- Bei elektronischen Dokumenten und im Web ist generell von U.n abzusehen, um eine Verwechslung mit einem Hyperlink auszuschließen.

Urheberrecht

Jeder, der kreativ etwas schafft, ist Urheber dieses Geschaffenen und hat damit auch das Recht, über die Verwertung seines Werks zu bestimmen. Die Grundlage für die Bezeichnung „Urheber“ und die damit verbundene Anwendung von § 2 Absatz 2 Urheberrechtsgesetz zum Schutz des geschaffenen Werks bildet der Begriff der Kreativität, womit die ganze Problematik des Urheberrechtsgesetzes bereits offenkundig ist. Denn was letztlich als urheberrechtlich zu schützendes Werk im Sinne des Paragrafen gilt, kann – im Prinzip jedenfalls – im Einzelfall fast ausschließlich gerichtlich geklärt werden. Ob nun z. B. eine Abschlussarbeit dem U. im Sinne des Paragrafen unterliegt, hängt deshalb nicht zuletzt von der prozentual in der Arbeit erbrachten Eigenleistung ab: Eine Dissertation, deren Anforderung darin besteht, eine neue Erkenntnis bzw. einen wissenschaftlichen Fortschritt zu erbringen, fällt jedenfalls eher unter diese Rubrik als eine Diplomarbeit, die einen aktuellen Forschungs(gegen)stand aufzeigt. Dass weder der Zweifel an einer durch Paragrafen manifestierten Urheberschaft noch das Fehlen einer eindeutigen Zuordnung als schützenswertes Werk zum → Plagiat berechtigen, sollte als selbstverständlich gelten.

!

- Das U. bezieht sich nicht ausschließlich auf geschriebene bzw. publizierte Texte, sondern ebenso auf das gesprochene Wort, wenn es dem Kriterium der Kreativität entspricht. Wer also in einer Fernseh- oder Radiosendung etwas hört, das geeignet ist, in der Arbeit verwendet zu werden, muss auch hier die „Quelle" mit allen wesentlichen Angaben zitieren. Beispiel: ... *Ausführungen (von: Name, sofern gewusst) zur Frage: Wie kommt das Salz ins Meer?, in: „Das will ich wissen". ARD, Samstag, 13. Juni 2009, 20.15 Uhr bis 21.45 Uhr.*
- Ebenso wie die Literatur unterliegen Disziplinen wie darstellende und gestaltende Kunst, Musik, Fotografie usw. dem U., gelten also im Sinne des kreativ schaffenden Künstlers als schützenswert. Konkret bedeutet dies, dass z. B. niemand einfach ein Foto aus dem Internet downloaden und in seine Arbeit einbauen darf: Es ist in jedem Einzelfall die Genehmigung des Künstlers zur Weiterverwertung, zur Verbreitung bzw. Wiedergabe einzuholen. Kann dies mangels entsprechender Angaben nicht erfolgen, so ist notfalls auf die Abbildung zu verzichten.

URL

Bei der Verwendung von Internetquellen – sei es als Informationsgrundlage, sei es als zitierte Literatur – ist mit besonderer Sorgfalt darauf zu achten, dass die Angaben korrekt und vollständig sind. Dazu zählt zum einen die URL (= Uniform Resource Locator) selbst, da ein Buchstabendreher, eine Auslassung, eine versehentliche Hinzufügung, ein falsches oder ein überzähliges Leerzeichen dazu führen, dass die zu zitierende Ressource nicht auffindbar ist. In einem solchen Fall ist nicht allein die URL wertlos, sondern der sie umgebende Kontext verliert ebenfalls an Aussagekraft.

Ein weiteres Kriterium, das eine große Rolle spielt, ist die Schnelllebigkeit solcher Quellen. Was heute noch topaktuell war, ist morgen überholt oder nicht mehr auffindbar. Aus diesem Grund empfiehlt es sich, elektronische Quellen der Arbeit zusätzlich als Ausdruck oder auf CD-ROM beizufügen. Zur Gewährleistung einer konkreten zeitlichen Zuordnung der als Fußnote bzw. im Literaturverzeichnis aufgeführten Daten werden sowohl der Stand (gemeint: von wann die letzte Aktualisierung des Eintrags datiert) als auch das Abrufdatum angegeben. Dies muss natürlich nicht sowohl in der Fußnote als auch im Literaturverzeichnis in aller Ausführlichkeit erfolgen: In den Fußnoten genügt eine Zitation in Kurzform, wohingegen im Literaturverzeichnis alle wesentlichen Daten zur Quelle aufzuführen sind. Konkret als „wesentlich“ gelten solche Angaben, die ein Wiederauffinden der Ressource ermöglichen. Dazu zählen auch Verfasser- und Seitenbezeichnungen von aus dem Internet zitierter Literatur: Es genügt absolut nicht, in solchen Fällen lediglich die URL anzugeben, da damit die Bezugsquelle noch lange nicht auffindbar ist.

Beispiel:
Klein, kostenlos und leistungsstark
Open Source ist angesagt
27.04.2009
Autor(en): Simon Hülsbömer.
Proprietäre Software ist bei unseren Lesern beliebt, Open Source aber ist noch beliebter. Das glauben Sie nicht? Wir beweisen es Ihnen!
Im Januar hatten wir sie Ihnen vorgestellt: 40 kostenlose Programme - und Sie haben dankend angenommen. Die Freeware- und Open-Source-Tools gehören schließlich auf jeden Rechner und machen kostenpflichtige, proprietäre Applikationen quasi überflüssig. Ein Rechner, bei dem nur noch die Hardware etwas kostet, ist kein Traum mehr - er ist längst Wirklichkeit:

(Fußnote, als Beleg für eine inhaltliche Wiedergabe):
Vgl. S. Hülsbömer: Open Source ist angesagt (2009).

(Dieselbe Quelle im Literaturverzeichnis):
Hülsbömer, S.: Open Source ist angesagt, in: Computerwoche, online im Internet: http://www.computerwoche.de/knowledge_center/open_source/1893485/[ohne Seitenangabe] [Stand: 27.04.2009/Abruf: 30.05.2009].

!
- Die Unterstreichung des Hyperlinks sollte bei der Angabe von Internetquellen entfernt werden, da er gedruckt seine Funktion nicht erfüllt und nur das Schriftbild stört.
- Die Angabe „online im Internet" ist deshalb vorzunehmen, um die Unterscheidung zur gleichermaßen vorhandenen gedruckten Quelle deutlich zu machen.

V

Verständlichkeit

Die schriftliche Abschlussarbeit hat ganz konkreten Kriterien zu genügen, um positiv bewertet zu werden. Ein wesentlicher Aspekt gilt dabei der V., die formal durch eine einwandfreie Syntax, fehlerlose Grammatik und durch einen guten Schreibstil gewährleistet wird. Vom inhaltlichen Gesichtspunkt her ist der Beweis anzutreten, dass ein Problem wissenschaftlich erörtert werden kann, was die Beherrschung und damit die korrekte Verwendung einer Fachterminologie voraussetzt. Hier nun die Gratwanderung zu schaffen zwischen einerseits der fachwissenschaftlichen Anforderung und andererseits dem Anspruch, „verständlich" zu schreiben, ist nicht einfach.

Deshalb sollte sich der Verfasser einer solchen Arbeit vor dem Schreibprozess darüber klar werden, wer genau seine → Adressaten sind. Die Annahme, dass dies die Prüfer seien, stellt einen weit verbreiteten Irrtum dar und entpuppt sich zudem als fatal: Wer seine Arbeit für die Prüfer/Korreferenten/Betreuer/wissenschaftlichen Mitarbeiter schreibt, geht letztlich vom eigenen „Tunnelblick" aus, d. h., er setzt ganz selbstverständlich zu viel an Fachkenntnis voraus, was der geforderten V. nicht eben zuträglich ist.

Eine wissenschaftlich gut verständliche Abschlussarbeit erfordert folglich die Fähigkeit zum akademischen Diskurs, d. h., dass der Verfasser in der Lage sein muss, ein Thema mit gebührender sachlicher Distanz = Objektivität so zu erörtern, dass ein kenntnisreicher Fachwissenschaftler seinen Ausführungen intellektuell, sachlich, fachlich und dezidiert themenbezogen folgen kann. Man hat also nichts weiter zu tun, als in schriftlicher Form die eigene Kompetenz angemessen unter Beweis zu stellen. Wie aber schafft man das, ohne entweder einer Effekthascherei anheimzufallen oder aber – im Gegenteil – sein Licht unter den Scheffel zu stellen?

Eine wesentliche Voraussetzung für das Verständnis von geschriebenem wissenschaftlichem Text stellt ein ständiges Hinterfragen dar: Ist das Problem als solches deutlich geworden? Und kann der aufgezeigte Lösungsweg logisch nachvollzogen werden? Entsprechen die theoretischen Darlegungen einer wie auch immer gearteten Praxis? Oder wird, im sich widersprechenden Falle, die

Diskrepanz deutlich? Kann ein kenntnisreicher Nicht-Fachmann verstehen, was konkret der Gegenstand dieser Erörterung ist? So oder ähnlich sollte man seine Darlegungen immer wieder prüfen oder von anderen, die zwar in der Materie bewandert, jedoch keine Spezialisten sind, beurteilen lassen. Gerade auch, was die Erklärung einer Fachterminologie betrifft, werden oftmals Kenntnisse vorausgesetzt, die man selbst zwar nachweisen kann, über die aber andere nicht verfügen. Aus diesem Grund empfiehlt es sich, entweder ein → Glossar zu erstellen oder entsprechende Erläuterungen in den → Fußnoten vorzunehmen.

- Ein falscher Schreibstil, der z. B. aufgrund von journalistischen Merkmalen weniger wissenschaftliche denn feuilletonistische bzw. emotionale Attribute aufweist, kann beim Leser schnell zu Verwirrung führen, da dieser den Zusammenhang von Thema und Stil nicht herzustellen vermag.
- Das Abdriften in Banalitäten ist ebenso falsch wie eine überzogene Wissenschaftlichkeit. Indem alles und jedes erklärt, erläutert, dargelegt und ausgeführt wird, stellt sich der Verfasser einer solchen Arbeit selbst eher ein unangemessenes Schulzeugnis aus, als dass er dem Wissenschaftsanspruch genügt: Eine Abschlussarbeit aus dem Bereich der Informatik darf die Abkürzung PC mittlerweile ohne weitere Erklärung und/oder Auflösung aufweisen, da beide – Abkürzung und Begriff – unangezweifelt als bekannt vorauszusetzen sind.
- Die Verwendung von Fremdwörtern hat erstens sparsam zu erfolgen, da eine Anhäufung von z. B. Anglizismen schnell den Eindruck einer Pseudo-Wissenschaftlichkeit erwecken kann. Zweitens, und das ist geradezu elementar, müssen Fremdwörter und Fachbegriffe absolut korrekt in ihrer Bedeutung und im Kontext angewendet werden. Es macht z. B. einen großen Unterschied, ob man archaisch oder anarchisch schreibt (und meint); zwischen ökologisch und ökonomisch besteht ebenso ein Unterschied wie zwischen subtil und sublim, um nur einige wenige Beispiele anzuführen.

Verweis

Ein V., auch Querv. genannt, nimmt innerhalb eines Textes Bezug auf eine andere (Text-)Stelle. Dies kann z. B. in Form eines Hinweises erfolgen: *„Weiterführende Informationen werden in Kapitel*

XX gegeben". Das kann aber genauso mithilfe einer → Fuß- oder → Endnote geschehen oder, je nach Dokument bzw. Textstelle, unter Verwendung eines Hyperlinks. Der Unterschied von konventionellen V.n gegenüber Hyperlinks besteht darin, dass die erstgenannten „zu Fuß“, also mit Suchen bzw. Nachschlagen der angegebenen Verweisstellen aufzufinden sind; Hyperlinks dagegen gewähren durch Anklicken automatisch Zugang zu einer → URL im World Wide Web.

! Unabhängig davon, welche Art des V.s man verwendet: Wichtig ist, dass nichts angekündigt wird, was dann letztlich ins Leere führt. So muss an der angegebenen Stelle der versprochene Hinweis zu finden sein, und ebenso muss der Link Gültigkeit aufweisen. Als sehr mühsam und wenig sinnvoll stellen sich oftmals Kreuzverweise heraus, die zu nichts als zu einem ständigen Kreisen um dasselbe Thema führen: *„Zum Thema Schöpfung siehe auch den Abschnitt XX: Darwinismus"* bzw. *„Zum Thema Darwinismus siehe auch Kapitel XX: Schöpfung"*. Kreuzverweise solcher Art sollten vermieden werden, da sie nicht sinnvoll und vor allem in keiner Weise erhellend sind.

Verzeichnisse

Jede Abschlussarbeit weist zusätzlich zum fortlaufenden Text verschiedene V. auf, wobei es unabhängig von der Art der Arbeit (ob nun Diplom-, Masterarbeit oder Dissertation) obligatorische und fakultative V. gibt. Als verpflichtend gelten

- das → Inhaltsverzeichnis, welches zugleich die Gliederung für die Arbeit darstellt. Es wird vor die Einleitung, jedoch nach einem (möglicherweise vorhandenen) → Sperrvermerk bzw. → Vorwort positioniert

und

- ein → Literaturverzeichnis, welches sich direkt im Anschluss an die Schlusspassage der schriftlichen Ausarbeitung findet.

Ein → Abbildungs- bzw. → Tabellenverzeichnis macht nur dann Sinn, wenn mehr als jeweils eine → Abbildung bzw. → Tabelle in der Arbeit vorkommen. Eine einzige Tabelle rechtfertigt keinesfalls die Bezeichnung „Verzeichnis“; dasselbe gilt für eine einzige Abbildung. In solchen Fällen genügt es, einen „Nachweis“ oder eine „Übersicht“ zu erbringen, wobei man sinnvollerweise eine Zusammenfassung von Abbildung und Tabelle vornimmt bzw. die eine Tabelle oder die eine Abbildung im jeweils anderen Verzeichnis (bzw. Nachweis in der Verzeichnisübersicht) mit aufführt. Dies kann auch genau so formuliert werden: *Tabellenverzeichnis und Nachweis der Abbildung* bzw. *Abbildungsverzeichnis und Nachweis der Tabelle*. Sieht die Arbeit tatsächlich nur je eine Abbildung und Tabelle vor, ist die folgende Formulierung zu empfehlen: *Nachweis von Abbildung und Tabelle*. Innerhalb dieser Verzeichnisse genügt oftmals die sinntragenden Kurzform von Über- oder Unterschrift: Eine komplette Wiedergabe der Abbildungsunterschrift oder Tabellenüberschrift ist nicht verpflichtend. Hinsichtlich der Positionierung von Abbildungs- und Tabellenv. innerhalb der Arbeit gibt es keine Verbindlichkeit. Manche Prüfer sehen solche V. lieber der Arbeit vorangestellt, andere wiederum möchten sie am Ende bei den Beiwerken aufgeführt wissen. Solche Details sind also rechtzeitig zu erfragen.

V., die zu einem besseren Verständnis beim Lesen beitragen können, sollten der Arbeit vorangestellt werden. Wenn der Leser bereits zu Beginn der Arbeit sieht, dass sowohl ein → Abkürzungsv. als auch ein → Glossar die Arbeit ergänzen, geht er weitaus wohlwollender an die Lektüre, als wenn er beim ersten Aufkommen eines unbekannten Terminus nach einer solchen Erläuterung bzw. einem entsprechenden Verzeichnis zu suchen beginnen muss.

Je nach Studiengang sind noch weitere V. als die genannten denkbar, so z. B. ein kartografisches V., ein V. von Plänen, Diagrammen, Skizzen sowie von juristischen Fallsammlungen, ein Namens- und/oder Stichwortregister: Die hier vorgenommenen Empfehlungen gelten auch für diese Beiwerke, bei denen ebenfalls keine Verbindlichkeit hinsichtlich der Positionierung gegeben ist. Ausgenommen hiervon sind die obligatorischen V. und solche Register, welche aufgrund ihres Charakters eine bestimmte Positionierung vorgeben. Sie sind jedoch allesamt in eine separate – römische – Zählung zu nehmen. Die Seiten der aus Einleitung, Hauptteil und Schluss bestehenden Arbeit werden arabisch ab Ziffer 1 durchnummeriert; die V. jedoch unterliegen einer davon ausgenommenen römischen Zählung. Diese beginnt mit (römisch) I beim ersten, der schriftlichen Ausarbeitung vorangestellten Verzeichnis, dem Inhaltsverzeichnis, und zählt automatisch römisch weiter, wenn dieses V. mehr als eine Seite umfassen sollte. Die ans Ende der Arbeit positionierten V. greifen die römische Seitenzählung ohne Unterbrechung von vorne auf und führen sie fort. Im Inhaltsverzeichnis sähe das dann so aus:

Verzeichnis	Ziffer	Kommentar
Abkürzungs-verzeichnis	III	nicht mit I beginnend, weil das Inhaltsverzeichnis, das sich selbst nicht aufführt, meistens die ersten zwei Seiten beansprucht
Symbol-verzeichnis	IV	
Glossar	V	schließt sich an Abkürzungs- oder Symbolv. an
[Einleitung/ Hauptteil/Schluss]	[Seiten 1-128]	[von den Verzeichnissen unabhängige arabische Zählung, da keine V.]
[Eidesstattliche Erklärung]	[129]	[oder gar keine Zählung]
Literatur-verzeichnis	VI	setzt nahtlos die römische Zählung der dem Hauptteil vorangestellten V. fort
[Anhänge]	[X]	[folgen ebenfalls der römischen Zählung oder gar keiner Zählung]

! Die in den V.n wiederkehrenden Texte von z. B. Abbildungsunterschriften, Tabellenüberschriften usw. müssen sowohl vom Wortlaut als auch von der Zählung her identisch sein mit den im Hauptteil der Arbeit vorkommenden Pendants. Aus diesem Grund sollte man das Potenzial von Textverarbeitungsprogrammen, die solche Verzeichnisse aus den Unter- bzw. Überschriften generieren, unbedingt nutzen und so eine unnötige Fehlerquelle ausschalten.

Vorwort

Im Gegensatz zur Oper, wo die Ouvertüre als wichtiger Bestandteil des gesamten Œuvres gilt, besteht bei einer wissenschaftlichen Abschlussarbeit keinerlei Verpflichtung, ein Vorwort zu schreiben. Im Gegenteil: Ein Geleitwort, als das ein Vorwort auch sehr zutreffend bezeichnet wird, entspringt häufig dem Wunsch des Autors/der Verfasserin, sich in ganz bestimmter Weise dem Leser mitzuteilen, und zwar entweder, indem man den dornigen Weg vom Beginn der Ideenfindung bis zum glücklichen Ende der Arbeit beschreibt, oder aber dadurch, dass Namen aufgelistet werden, denen sich der Autor/die Verfasserin zu Dank verpflichtet fühlt. Alles dies ist legitim und sowohl als Wunsch wie in der Ausführung nachvollziehbar. Es sollte sich der Verfasser/die Autorin eines Vorworts jedoch immer darüber im Klaren sein, dass ein Vorwort keine → Einleitung ist oder gar ersetzen könnte. Im Gegenteil: Eine Einleitung *muss*, ein Vorwort *kann* erstellt werden. Das Vorwort nimmt sogar so wenig an Bedeutung innerhalb der Arbeit ein, dass es bei der Seitenzählung des Werks üblicherweise nicht berücksichtigt wird, sondern – unpaginiert – direkt im Anschluss an das Titelblatt und noch vor dem → Inhaltsverzeichnis positioniert wird.

!

- Weder „Entschuldigungen" noch „Anschuldigungen" gegenüber wem auch immer für das möglicherweise nicht so sehr gute Gelingen einer Arbeit sind dazu angetan, in einem Vorwort (oder an anderer Stelle in der Arbeit!) Erwähnung zu finden.
- Danksagungen können und dürfen zwar immer aufrichtig formuliert werden, dabei ist aber zu berücksichtigen, dass die in der → „Eidesstattlichen Erklärung" abgegebene Eigenleistung nicht infrage gestellt werden kann.
- Interna aus der direkten Wissenschaftsumgebung sollten nicht preisgegeben werden.
- Uninteressante Details sind auch langweilige Details.

W

W-Fragen

Wer? Was? Wie? Warum? Wann? Wozu? Mit solchen Fragen bzw. vor allem mit deren Beantwortung kann innerhalb einer konkreten Planung der Grundriss für eine wissenschaftliche Abschlussarbeit gezeichnet werden. Im Verlauf des Arbeits- und Schreibprozesses trägt die regelmäßige Wiederholung solcher W-Fragen oder auch nur einer Auswahl davon dazu bei, den → roten Faden, der sich notwendigerweise durch die Arbeit ziehen muss, auszurollen und diesem vor allem konsequent zu folgen. Dabei haben die W-Fragen jeweils unterschiedliche Bezüge:

- Sobald das → Thema für die Arbeit feststeht und ein vorläufiger Arbeitstitel formuliert wurde, sind mit Blick auf die weitere Vorgehensweise wie Eingrenzung des Themenbereichs und eine erste Literatursichtung Fragen zu beantworten wie: *Wer* ist meine Zielgruppe? = *Wer* könnte sich für das Thema interessieren? *Was* bietet die Literaturlandschaft dazu an? *Wie* ist die zu behandelnde Thematik/Problematik dargestellt bzw.: *Wie* kann ich sie im Rahmen meiner Themenstellung bearbeiten? *Worin* und für *wen* läge ein Gewinn?
- Hat man die Phase der thematischen Abgrenzung ebenso wie die der → Literaturrecherche beendet und beginnt im Anschluss mit dem Prozess des → Lesens, so sollten die W-Fragen als begleitende Assistenten ständig präsent sein: *Wer* macht *welche* Aussage? *Welcher* Zweck wird damit verfolgt? *Welche* Wirkung ist – möglicherweise oder gewiss(?) – beabsichtigt? *Welche* Wirkung wird letztendlich erzielt? *Warum* wird so und nicht anders argumentiert? *Wie* reagiere ich auf den Text/die Problemstellung/die Argumentation(-sweise)/die Darstellung(-sweise)/die Ausarbeitung usw.? *Worin* liegt die Besonderheit des Textes bzw. *warum* weist er keine auf? *Was* ist der Grund, dass der Text interessant, aussagekräftig, gut durchdacht, ansprechend geschrieben oder aber langweilig, aufgebläht, inhaltsleer, bedeutungslos ist?
- Parallel zum Lesen erfolgt die Literaturauswertung, wobei auch hier bestimmte W-Fragen gute Hilfestellung leisten

können: *Was* genau soll ausgesagt werden bzw. *was* konkret ist die Aussage? *Welches* Ziel verfolgt der Autor? *Wie* kann man das erkennen bzw. *woran* scheitert es, dass weder Sinn noch Zweck deutlich werden? *Welcher* Nutzen ist aus diesem Text für die Arbeit zu ziehen? *Wie* und *wo* in meiner Arbeit lassen sich die Darlegungen/Ergebnisse aus der vorliegenden Literatur verorten? *Wen* kann das im Zusammenhang mit meiner Zielgruppe interessieren (womit sich der Kreis schließt, da bereits zu Beginn der Überlegungen die Frage nach der Zielgruppe gestellt wurde)?

- Die im vorangehenden Punkt aufgelisteten Fragen sind natürlich – ebenso wie für Fremdautoren – für die eigene Arbeit interessant: Da man selbst für andere Leser ein Fremdautor ist, werden diese W-Fragen irgendwann möglicherweise von anderen an die eigene Arbeit gestellt. Also sollte man bereits während des Schreibprozesses immer wieder eine Unterbrechung für notwendige W-Fragen vornehmen: *Wen* kann das, *was* ich ausführe, interessieren? *Worin* liegt der Wert meiner Arbeit? *Worin* ist die Besonderheit gegenüber anderen, thematisch verwandten Texten zu sehen? *Welchem* Themen- bzw. Aktualitätsbezug entsprechen meine Ausführungen? Und, was nicht vergessen werden darf: *Wie* gewährleiste ich, den → Anforderungen durchgängig gerecht zu werden?
- Wer zwischendurch Gefahr laufen sollte, sein Ziel aus den Augen zu verlieren, kann mit einem ganz knappen W-Satz wieder auf die richtige Spur gebracht werden. Die auf das Wesentliche reduzierte Frage: *Was* für *wen*? hat sich im Umkehrschluss oftmals als Rettungsanker erwiesen, indem deutlich wurde: *Was* nicht?!

! W-Fragen sind wichtige und geradezu notwendige Helfer, um solchen Alpträumen wie einem verfehlten Thema oder dem Abdriften in eine Detailverliebtheit zu entgehen. Man sollte sich aber tunlichst auch keinem Diktat der W-Fragen unterwerfen: Die Fragenvielfalt ist für die Möglichkeit auftretender Fälle gedacht und insofern kaum in aller Ausführlichkeit auf jeden einzelnen Arbeitsschritt anwendbar: Wo sich einmal keine Antwort findet, da sollte zuerst geprüft werden, ob die Frage im Kontext überhaupt ihre Berechtigung hatte. Im positiven Fall muss eben nachgearbeitet werden; bei einem negativen Ergebnis ist die Einzelfrage schlicht zu ignorieren.

Wiederholung

Im Gegensatz zu einem Vortrag, wo eine W. von bereits Gesagtem durchaus sinnvoll sein kann, um einen bereits gesponnenen Faden thematisch wieder aufzunehmen, sollten W.en in einer wissenschaftlichen Abschlussarbeit vermieden werden. Erstens wird sonst leicht der Eindruck von „Zeilenschinderei“ erweckt, was sich negativ auswirken kann; zweitens werfen W.en kein gutes Licht auf die Strukturierungsfähigkeit des Verfassers: Wer seine Arbeit logisch aufbaut, kann kaum der Gefahr von W.en unterliegen, da der notwendige → rote Faden nur den Verlauf in eine weiterführende Richtung vorsieht, eine W. jedoch einen Rückschritt und zugleich eine Doppelung von Aussagen bedeutet.

Da eine bestimmte Thematik jedoch manchmal genau ein solches Zurückgehen und damit eine Wiederaufnahme eines Gedanken, einer Aussage o. Ä. erforderlich macht, um einen wesentlichen Aspekt erneut aufzunehmen, sollte unbedingt deutlich gemacht werden, dass hierin eine Absicht liegt. Diese kann mit Formulierungen wie: *Wie bereits erwähnt ..., Wie in Abschnitt XX bereits dargelegt, ..., In Abschnitt XX wurde bereits darauf hingewiesen, dass ...*, geschehen, wodurch für den Leser ersichtlich wird, dass die nun vorgenommene thematische Rückführung einer konkreten Logik folgt, also beabsichtigt ist.

Wikipedia

Wer W. kennt, der nutzt W. auch, und er nutzt diese Quelle gerne – schließlich ist dort inzwischen zu fast jedem noch so randständigen Thema ein Eintrag zu finden. Wie aber verhält es sich mit der Korrektheit der Daten? Der Aktualität? Der Objektivität von geschilderten Sachverhalten? Kurz und knapp: gut!

„W. – Die freie Enzyklopädie“ hat sich mittlerweile einen durchaus seriösen Ruf erworben: Wer in W. einen Beitrag publizieren möchte, hat den Grundsätzen der Nachprüfbarkeit sowie der weltanschaulichen Neutralität zu genügen; Forschungsbeiträge werden dagegen in W. nicht veröffentlicht. Dass eine regelmäßige und vor allem schnelle Kontrolle stattfindet, konnte in einem Selbstversuch bewiesen werden: Ein sehr frei abgefasster „Lebenslauf“ von ‚Alice im Wunderland’ wurde zwar ins Portal gestellt, war aber nach knapp zehn Minuten nicht mehr auffindbar.

! Internet-Quellen und somit auch W. stehen für Aktualität; dennoch sollten auch andere Werke wie gedruckte Medien, und in Bezug auf Aktualität vor allem unselbstständige Publikationen wie Zeitungs- und Zeitschriftenartikel bei der → Literaturrecherche berücksichtigt werden. Warum? Weil jede Form von Einseitigkeit zu einem begrenzten Horizont führt. Nur wer vergleichen kann, ist auch zu einer Entscheidung fähig.

Wissenschaftsanspruch

Um mit seiner Examensarbeit dem geforderten W. zu genügen, ist bestimmten → Anforderungen zu entsprechen. Diese sind unter dem Stichwort selbst auf- und ausgeführt, weshalb an dieser Stelle keine weitere Erörterung vorgenommen werden muss.

Wortschatz

Man unterscheidet zwischen aktivem = produktivem und passivem = rezeptivem W. Als passiver/rezeptiver W. wird derjenige bezeichnet, der selbst zwar nicht aktiv verwendet (also nicht gesprochen) wird, jedoch im Gehirn bereits entsprechend seiner Bedeutung abgespeichert ist und im Zuge eines ablaufenden Verständnisprozesses (siehe hierzu → Sender-Empfänger-Modell) von gesprochenem oder geschriebenem Text automatisch „abgerufen“ wird. Das, was als gesprochenes oder geschriebenes Wort in sinnvoller Zusammensetzung und logischen Einheiten vom Sprechenden oder Schreibenden zur Anwendung kommt, wird als aktiver W. bezeichnet.

Für das Abfassen einer wissenschaftlichen Abschlussarbeit ist zunächst der rezeptive W. von Bedeutung; denn dem → Lesen und Verstehen wissenschaftlicher Texte sollen Erfassen und Auswertung folgen. Im Anschluss an diese Arbeitsphase stellt der Absolvent unter Beweis, dass er sowohl über einen umfangreichen rezeptiven als auch produktiven W. verfügt, und schreibt seine Abschlussarbeit. Diese idealtypische Schilderung entspricht leider nicht der Praxis. Eine bekannte Schwierigkeit besteht z. B. darin, sich vor allem im Ausdruck nicht zu wiederholen. Was aber tun, wenn man noch nicht einmal über die Hälfte der von seriösen Quellen genannten Wortmenge der Muttersprache verfügt?

Wer bereits an seiner Abschlussarbeit schreibt, hat definitiv keine Zeit mehr, sich einen angemessenen W. zu erwerben; zu diesem Zeitpunkt kann lediglich „Schadensbegrenzung“ betrieben werden. Zum einen helfen hier Synonymlexika, die durchaus Wortalternativen anbieten; weiterhin sind auch die Synonymhinweise (Thesauri) mancher Textverarbeitungsprogramme von (leider sehr überschaubarem!) Nutzen. Hier ist vor allem darauf zu achten, dass man zwischen Synonym und Antonym (= bedeutungsmäßig das Gegenteil) zu unterscheiden weiß.

!

- Um Wiederholungen zu vermeiden, kann man ganz gezielt seinen Text auf bestimmte Wörter absuchen; diese Methode kann auch bei → Schreibblockaden herangezogen werden.
- Manchmal ist es tatsächlich besser, sich im Ausdruck zu wiederholen: Statt zum Gewinn von Abwechslung den Preis eines geschraubten Stils zu zahlen, sollte versucht werden, nach Möglichkeit seiner eigenen Sprache zu ent-sprechen [sic!].
- Wörter, die man nicht kennt und/oder nicht versteht, sollten keinesfalls lediglich um der Exklusivität willen verwendet werden: Solche Experimente gehen selten gut aus.
- Sobald man den Stress der Arbeit hinter sich gelassen hat, kann man damit beginnen, seinen W. zu erweitern. Die beste Methode ist nach wie vor: Lesen!

Z

Zitat

Da dieses Thema bereits in unzähligen Fachbüchern und auch im Internet in aller Ausführlichkeit erörtert wurde, erübrigt sich eine weitere Darstellung der Besonderheiten und Ausnahmen von Z.en. Die nachfolgenden Erörterungen konzentrieren sich deshalb auf wesentliche Aspekte, um eine erste Hilfestellung sowie grundlegende Regeln für den korrekten Gebrauch von Z.en zu geben.

Unterschieden wird zwischen *wörtlichen* und *inhaltlichen* Z.en. Wörtliche Z.e werden als solche im Text gekennzeichnet, indem die Teile der wortwörtlichen Wiedergabe in (doppelte) An- und Abführungsstriche gesetzt werden. Z.e innerhalb eines Z.s wiederum weisen einfache An- und Abführungen auf. Die Verwendung von vor allem wörtlichen Z.en geschieht nicht zur Beweisführung eigener Aussagen, sondern allenfalls, um z. B. die eigene Schlussfolgerung durch das als Argumentationshilfe hinzugezogene Z. zu untermauern oder es – möglicherweise im Gegenteil – als Ansatz für eine Kritik zu verwenden. In keinem Fall jedoch dient ein Z. als Beweis für oder gegen einen Sachverhalt. Es ist auch nicht die Anzahl der Z.e, welche eine Fachkompetenz belegt (im Gegenteil; siehe dazu → Blütenlese!), sondern dies wird vor allem durch die Kenntnis der Materie gewährleistet.

Wörtliche Z.e müssen in Inhalt und Form (Schreibung, Formatierung und auch mögliche Druckfehler) mit der Originalquelle identisch sein. Wird z. B. ein Text mit der Schreibweise Göthe zitiert, so ist diese Schreibung ebenso zu übernehmen wie z. B. eine Form der alten Rechtschreibung, wo eine solche gegeben ist. Zum Zeichen dafür, dass man selbst nicht für Fehler, unübliche Schreibungen o. Ä. verantwortlich ist, wird als Hinzufügung [sic!] an besonders auffällige Wörter angeschlossen: Göthe [sic!]. „Sic" stammt aus dem Lateinischen und wird in der Druckersprache verwendet; es bedeutet: genau so! und ist im Wissenschaftsbereich in dieser Bedeutung etabliert. Bei einem Text in alter Rechtschreibung sollte man jedoch davon absehen, hinter jedes „ß", das statt eines Doppel-„s" geschrieben wird, ein [sic!] anzubringen. Das Erscheinungsjahr der angegebenen Quelle gibt Aufschluss darüber, dass die alte Rechtschreibung berechtigt ist.

Erweist sich die Umstellung eines Satzes oder die Auslassung bzw. Ergänzung eines Z.s als notwendig heraus, so ist dies entsprechend zu kennzeichnen: Auslassungen werden mit drei Punkten deutlich gemacht, wobei die eckige Klammer als Zusatz entfallen darf, da die drei Punkte – als Auslassungspunkte, nicht als Satzzeichen! – bereits für sich verständlich sind und nicht noch zusätzlich ergänzt werden müssen. Um jedoch einem möglichen Fehlschluss vorzubeugen, ist anzuführen, dass die Auslassung nicht bereits in der Originalquelle gegeben war: … [Auslassung durch M. H.]. Eine Ergänzung im wörtlichen Z. dagegen wird immer in eckige Klammer gesetzt. Hält der Zitierende eine Hervorhebung innerhalb des Z.s für erforderlich, so ist auch dies in eckiger Klammer anzuführen: [Hervorhebung durch M. H.]. Die Namensinitialen genügen in den beispielhaft angeführten Fällen. Ganz gleich, in welcher Form man Veränderungen an wörtlichen Z.en vornimmt: Der Sinn des Z.s darf in keinem Fall verändert oder gar verfälscht werden.

Ein ausgesprochen wichtiger Aspekt bei der Verwendung von Z.n ist die Angabe der Quelle. Eigentlich sollte die Tatsache an sich, die Referenz auf den Ursprung des angeführten Textes, keines Hinweises bedürfen. Aber in Anbetracht der zahllosen Literaturquellen und der Informationsflut scheint es immer schwieriger zu werden, gewonnene Erkenntnisse in die *eigenen* Worte zu fassen. Wer aber aus fremden Quellen zitiert, muss diese bei erster Nennung so vollständig wie erforderlich anführen. Ob man die Referenz in eine → Fußnote unterbringt oder direkt im Text als sogenannte Harvard-Zitation (siehe auch → Zitierweisen) an das Zitat anschließt, ist Geschmacksache bzw. von den Formalvorgaben der Hochschule abhängig.

Die inhaltliche bzw. die sinngemäße Wiedergabe eines Gedankens oder eines Textes wird als Paraphrase bezeichnet; sie wird dadurch kenntlich gemacht, dass die zugehörige Referenz – entweder in der Fußnote oder bei Verwendung der Harvard-Zitierweise innerhalb des Textes – mit einem „Vgl." = vergleiche eingeleitet wird. Bei wörtlichen Zitaten entfällt der Vgl.-Vermerk in der Referenz; im → Literturverzeichnis wird generell darauf verzichtet. Inhaltliche Wiedergaben weisen auch keine besonderen Auszeichnungen wie An- und Abführungen auf.

Beide Zitatformen werden am Ende der entweder wörtlichen oder inhaltlichen Wiedergabe mit einer → Hochzahl versehen, die sich jedoch nicht bei der Harvard-Zitation, sondern nur bei der Verwendung von → Fußnoten dort wiederfindet. Die fortlaufende

Zählung sowie das formale Einrichten der Hochzahlen im Text bzw. der entsprechenden Fußnotenzählung müssen nicht manuell vorgenommen werden: Das übernimmt inzwischen jedes Textverarbeitungsprogramm.

!

- Auch auf mündlichem Wege erhaltene Informationen sind als Zitat zu behandeln. Hier ist die Quelle folgendermaßen zu benennen: Mündliche (oder schriftliche) Mitteilung von …, erhalten am …
- Es ist möglichst immer auf die Primärquelle zurückzugreifen! Sollte die Primärquelle nicht zugänglich sein (Grund: alte Quellen, Quellen in exotischen Sprachen oder in alten bzw. fremden Schriften, die man nicht beherrscht), so ist die Verwendung der Sekundärquelle unter Angabe des Grundes, warum die Primärquelle nicht zitiert wird, gestattet (z. B.: XYZ, zitiert nach ABC [Primärquelle nicht ermittelbar]). Wer aus Sekundärquellen zitiert, muss sich hinsichtlich der Gefahr von Verfälschungen im Klaren sein; denn eine Garantie, dass die Angaben von ABC 1:1 mit dem Original übereinstimmen, hat man nicht.
- Zitate in fremder Sprache werden originalsprachlich zitiert, wobei eine Übersetzung ins Deutsche (in Klammer angefügt) angebracht ist. Dass die Übersetzung dem Originaltext mehr als „ähnlich“ sein muss, sollte selbstverständlich sein.

Zitierweisen

Die wesentlichen Zitierweisen mit Angabe der Referenz bestehen in der

- Zitierweise mit Vollbeleg
- Zitierweise mit Kurzbeleg

(beide erfolgen in einer → Fußnote und werden generell mit einem Punkt abgeschlossen)
und der

- Harvard-Zitierweise (auch anglo-amerikanische Zitierweise genannt).

Zitieren mit Vollbeleg
Bei der Zitation mit Vollbeleg wird der komplette Quellenverweis zum im Text vorgenommenen Zitat bzw. zur Paraphrase in den Fußnotenbereich gesetzt. Die Nummerierung der Fußnoten kann entweder auf jeder Seite (davon ist abzuraten, da die Seiten sonst schnell „zerhackt“ wirken) oder bei jedem neuen Kapitel neu be-

gonnen werden; ebenso kann sich die Zählung durch die gesamte Arbeit ziehen, was sich aber bei mehr als dreistelligen Ziffern nicht mehr so angenehm liest und vor allem einer Übersichtlichkeit wenig zuträglich ist. Die zu empfehlende Variante ist die der kapitelweisen Fußnoten.

Bei der ersten Nennung einer Quelle werden die Literaturangaben dieser Quelle in der Fußnote vollständig aufgeführt; man sollte diese Form der Referenz bei kürzeren Artikeln anwenden, bei denen auf ein Literaturverzeichnis verzichtet werden kann. Bei weiterer Nennung desselben Autors mit demselben Werk werden gerne Kurzformeln wie ebd. (= ebenda) oder: a. a. O. (= am angegebenen Ort) verwendet. Ob solche Kurzformeln gestattet sind, sollte im Vorfeld mit dem Prüfer geklärt werden.

Zitieren mit Kurzbeleg
Die Zitation mit Kurzbeleg erfordert zwingend das Vorhandensein eines Literaturverzeichnisses. Sie sieht bereits bei der ersten Nennung einer Referenz eine auf das Wesentliche verkürzte Angabe der dazu vorliegenden Daten vor. Der Name des Verfassers in Verbindung mit dem Erscheinungsjahr des Buches (letzteres in runde Klammer gesetzt) mit der evtl. anzugebenden Seitenzahl sind ausreichend. Werden von einem Verfasser mehrere Werke aus demselben Jahr angeführt, so kann an das Erscheinungsjahr eine Buchstabenkennung wie a) b) c) oder eine Unterscheidung der Jahreszahl in anderer Form vorgenommen werden, die im Literaturverzeichnis unbedingt analog dazu aufzunehmen ist. Da die Quellenangaben sowieso schon äußerst knapp wiedergegeben werden, sollen hier keine weiteren Reduzierungen wie „ebd." oder a. a. O. vorgenommen werden.

Harvard-(bzw. anglo-amerikanische) Zitierweise
Bei dieser Form der Zitation gibt es keine Fußnoten, sondern den Kurzbeleg im Fließtext – im Anschluss an das Zitat bzw. die Paraphrase – in eckige Klammer gesetzt. Gegenüber dem Vollbeleg, der zunehmend „aus der Mode" kommt, hat sich diese Zitierweise in den letzten Jahren durchgesetzt. Sie folgt im Ganzen den Regeln der Zitation mit Kurzbeleg.

! Wer sich für die Harvard-Variante entscheidet, kann durchaus noch seine Anmerkungen, Hinweise und Exkurse in Fußnoten nehmen: So wird ganz klar unterschieden zwischen Literaturapparat und textlicher Erweiterung, für die andernfalls keine Nischen vorbehalten sind. Jeden Abschweifer in eine Klammer innerhalb des Fließtextes zu setzen wäre sonst die einzige Alternative; diese aber ist nicht zu empfehlen.

Zitierweisen: Beispiele[1]

Wörtliches Zitat mit Vollbeleg:
„Mit der Vorbereitung steht und fällt der Erfolg Ihrer Präsentation. Sorgfalt und Gründlichkeit im Vorfeld wichtiger Veranstaltungen zahlen sich immer aus.“[2]

Wörtliches Zitat mit Kurzbeleg:
„Mit der Vorbereitung steht und fällt der Erfolg Ihrer Präsentation. Sorgfalt und Gründlichkeit im Vorfeld wichtiger Veranstaltungen zahlen sich immer aus.“[3]

Wörtliches Zitat nach Harvard-Zitierweise:
„Mit der Vorbereitung steht und fällt der Erfolg Ihrer Präsentation. Sorgfalt und Gründlichkeit im Vorfeld wichtiger Veranstaltungen zahlen sich immer aus“ [Thiele 1991: 12].

Zusammenfassung → Schlusskapitel

---

1 Es gibt noch weitere Zitiermöglichkeiten, z. B. die der indirekten Rede. So vertiefend soll das Thema aber an dieser Stelle nicht behandelt werden.

2 Albert Thiele: *Überzeugend präsentieren.* Präsentationstechnik für Fach- und Führungskräfte. Düsseldorf, 1991, Seite 12.

3 A. Thiele (1991), S. 12.

Tipps und Tricks ☺ / Todsünden ☹

(in alphabetischer Folge ohne Anspruch auf Vollständigkeit oder irgendeine Systematik)

☺ oder ☹	Stichwort	Bemerkung
☹	Apostroph ...	• im Deutschen auch bekannt als „Deppen"-A.; er wird nie, nie, niemals im Genitiv an einen Eigennamen angehängt: Angela Merkels Blazer und nicht: *Angela Merkel's Blazer*. Auch Abkürzungen, die im Plural erscheinen, wie z. B.: *viele PC(s)*, müssen ohne einen A. auskommen!
☺	Buch-rezen-sionen ...	• können hilfreiche Hinweise darüber geben, ob sich die Anschaffung eines Buchs lohnt; als Grundlage für die Bewertung eines Titels reichen sie nicht aus, da sie dafür nicht aussagekräftig genug sind und ihnen zudem die notwendige Objektivität fehlt.
☺	Drei Aus-lassungs-punkte ...	• stehen als Auslassungszeichenzeichen ohne Leerzeichen direkt an einem Wortteil, wenn der weiterführende Teil des Wortes fehlt: *Alle Verbindungen mit Haus... sind hier in Großschreibung vorzunehmen* • werden mit je einem Leerzeichen begrenzt, wenn ein Satzteil fehlt: *Frau Meier und ... saßen im Kino.* Endet der Satz mit den Auslassungspunkten, so entfällt der Schlusspunkt: *Frau Meier und Herr Müller saßen ...*
☺	Formulie-rungen	• sind nach Möglichkeit positiv vorzunehmen: Beispiel: Statt *„Der Dichter schreibt nicht in langen Sätzen"* → *„Der Dichter schreibt in kurzen Sätzen".*
☹	Fremd-wörter ...,	• die man nicht genau kennt, sollten nicht verwendet werden. Es ist nichts so peinlich wie der sinnentstellende Gebrauch falsch verwendeter Fremdwörter.
☺	Gedanken-striche (Parenthesen) vs. Bindestriche ...	• sind deutlich voneinander zu unterscheiden. WORD fügt bei Parenthesen automatisch den zweiten Strich als kurzen Bindestrich ein, was nicht korrekt ist. Man muss die zweite Parenthese manuell korrigieren (Strg [plus] Minuszeichen vom Zahlenblock).

☺	Haupt-kapitel ...	• beginnen immer auf einer rechten Seite.
☺	Innentitel bei Büchern ...	• sollten unbedingt gelesen werden, da sie sich oftmals vom Außentitel dahingehend unterscheiden, dass sie einen aussagekräftigen Untertitel aufweisen
☺	Klammern ...	• werden nicht nach mathematischen Standards, sondern in der nachfolgend aufgeführten Reihenfolge von außen nach innen: rund, eckig, geschweift gesetzt: Er sagte (... [dieser Hinweis wäre {im Sinne des Verständnisses} unnötig]).
☺☹	Klappen-texte von Büchern ...	• sind mit Vorsicht zu genießen, da sie mehr der Werbung als der sachlichen Information dienen
☺	Konjugation einge-deutschter Anglizismen:	• Bevor man mit sprachlichen Verrenkungen abstürzt (heißt es gedownloaded oder downgeloadet?), sollte man nach Alternativen *(= herunterladen)* suchen.
☹	Korrekte Schreibun-gen immer wieder-kehrender (falsch geschrie-bener) Wörter:	• Diplomand (nicht: Diplomant), Promovend (nicht: Promovent), aber Absolvent (nicht: Absolvend), Korreferent (nicht: Koreferent), Akquise (nicht: Aquise), Standard (nicht: Standart), Hinweis (nicht Hinweiß), weismachen (nicht: weißmachen – es sei denn: die Wand streichen, also weiß machen), feindselig (nicht feindseelig), Schemata (nicht: Schemen und auch nicht: Schemas),Wachs (nicht: Wax), selbst (nicht: selber, da umgangssprachlich).
☹	Scheinbar und anscheinend ...	• dürfen nicht synonym verwendet werden; denn sie bedeuten nicht dasselbe: Scheinbar drückt aus, dass etwas nur dem äußeren Schein nach so ist, wie es wahrgenommen wird: *Er war scheinbar abgelenkt (in Wirklichkeit hatte er kein Interesse für das, wofür man ihn erwärmen wollte).* Anscheinend dagegen drückt eine Vermutung aus, wie sich etwas verhält: *Es hat anscheinend geregnet (weil die Straße nass ist, geht man davon aus; es könnte natürlich auch die Straßenreinigung gewesen sein).*
☺	Selbst-haftende Notiz-zettel ...	• verschaffen einen schnellen Überblick über erledigte Aufgaben und noch zu tätigende Arbeiten: Eine Pinwand wird mit „To-do-Zetteln“ bestückt; nach jeder geschafften Arbeit wird der entsprechende Zettel von der „To-do-Wand“ auf die „Fertig-Wand“ verschoben.

☹	Verb im Plural …	• bei vorausgehendem Singular ist falsch: *Eine ganze Reihe von Bäumen wurde* (*nicht:* wurden) *gekappt:* Reihe = Singular
☺	Zeilen-abstand im Text …	• sollte bei längeren Textpassagen mehr als „einfach" sein, da das Auge des Lesers sonst zu schnell ermüdet.
☺	Ziffern …	• werden von eins bis zwölf einschließlich als Wort geschrieben: *Auf dem Hof spielten sieben Kinder.* Erst ab 13 ist die Schreibung als Zahl vorgesehen. Eine Ausnahme bildet die Verbindung mit einer Einheit: Man schreibt *8 Kilo* und nicht: *acht Kilo.*

Literatur

BOEGLIN, Martha: Wissenschaftlich arbeiten Schritt für Schritt. Gelassen und effektiv studieren. München: W. Fink, 2008.

ECO, Umberto: Wie man eine wissenschaftliche Abschlußarbeit schreibt, 12., unveränderte Auflage der deutschen Ausgabe. Heidelberg: C. F. Müller, 2007.

ESSELBORN-KRUMBIEGEL, Helga: Von der Idee zum Text. Eine Anleihung zum wissenschaftlichen Schreiben, 3., überarbeitete Auflage. Paderborn: Schöningh, 2008.

ESSELBORN-KRUMBIEGEL, Helga: Leichter lernen. Strategien für Prüfung und Examen. 2., überarbeitete Auflage. Paderborn: Schöningh, 2007.

GAUGER, Hans-Martin: Was wir sagen, wenn wir reden. Glossen zur Sprache. München [u. a.]: Hanser, 2004.

GLOY, Karen: Von der Weisheit zur Wissenschaft. Eine Genealogie und Typologie der Wissensformen. Freiburg i. Br./München: Alber, 2007.

POUND, Ezra: ABC des Lesens. Zürich: Arche, 1985.

PUKAS, Dietrich: Lernmanagement. Einführung in Lern- und Arbeitstechniken, 3. aktualisierte Auflage. Rinteln: Merkur Verlag, 2008.

SCHNEIDER, Wolf: Deutsch fürs Leben. Was die Schule zu lehren vergaß, 17. Auflage. Reinbek bei Hamburg: Rowohlt-Taschenbuch-Verlag, 2007.

SCHULZ VON THUN, Friedemann: Klarkommen mit sich selbst und anderen: Kommunikation und soziale Kompetenz; Reden, Aufsätze Dialoge, 3. Auflage. Reinbek bei Hamburg: Rowohlt, 2007.